D1673922

Heinz Georg Schmenk

Vom Pott bis Pondicherry

Wie Felix nach Indien kam

Heinz Georg Schmenk, 1935 in Oberhausen geboren, wuchs überwiegend im Ruhrgebiet auf. Einen Großteil seines Lebens verbrachte er allerdings als Außenhandelskaufmann beim Bau von Industrieanlagen zwischen dem fernen Osten, dem weiten Westen, dem hohen Norden und dem heißen Süden. Sein erster Auslandseinsatz führte ihn 1964 gemeinsam mit seiner Ehefrau Ellen nach Indien – diese Abenteuer und Erlebnisse bilden die Grundlage für seinen zweiten Roman.

Verlag Nicole Schmenk
Hagedornstr. 44
46149 Oberhausen
www.verlag-schmenk.de
1. Auflage 2011
ISBN: 978-3-943022-00-1
Herstellung: Westermann Druck Zwickau GmbH

Heinz Georg Schmenk

Vom Pott bis Pondicherry
Wie Felix nach Indien kam

Roman

VERLAG NICOLE SCHMENK

Im Pott

Hier, im tiefsten Ruhrgebiet, war er zu Hause und nur hier. Felix' Heimat waren nicht der Rhein oder die Mittelgebirgshöhen, sondern dieser von Zentren und Siedlungen durchsetzte Großraum. Gleich, in welche Richtung man sah, stets blieb der Blick an einem der industriellen Leuchttürme haften, von frühester Jugend an aufs innigst ebekannt, mal ganz abgesehen von all den hier ansässigen Verwandten, Freunden und Bekannten.

Nicht mal in einem Kilometer Entfernung erstreckte sich ein Riesenstück pulsierenden Lebens: die über Normalniveau erhöht angelegten Fertigungshallen eines Werkes der Firma »Strelitz & Köppke – Bergwerks- und Industriebau«, aus denen immer wieder explosionsartiges Dröhnen erschallte, das die Scheiben erzittern und die Rollläden klappern ließ, Felix bestens und von frühester Jugend an vertraut. Der erste Blick beim Verlassen seines Elternhauses gleich am frühen Morgen ging in Richtung der alles beherrschenden Werkshallen, so als wolle er sich davon überzeugen, dass sich nicht über Nacht alles wie im Nebel aufgelöst hätte. Das gehörte einfach dazu, war Teil des Morgenrituals.

Nach Südosten versetzt, sah man die höher herausragenden Bauten einer Großschachtanlage mit einer gewaltigen Kokerei, aus der Blickrichtung ein Stückchen weiter die Stahltürme eines Hüttenwerkes mit den angegliederten Walzwerken, eingefasst zwischen dem an die hundert Meter hohen Schornstein eines Kraftwerkes und einem Wasserturm. Im Süden ein industrielles Großunternehmen, das sich mit dem Bau von Kraftwerken, Förderanlagen sowie von Zuckerfabriken beschäftigte, nicht weit dahinter die Schachtanlagen zweier Zechengesellschaften. In westlicher Richtung dann die Rhein-Hüttenwerke gleich an mehreren Standorten, die Rübenfelder Schachtanlagen und schließlich im Nordwesten eine Großanlage der chemischen Industrie. Das aber waren nur die ihm bekanntesten und nächstgelegenen Komplexe der 1950er Jahre. Drumherum: Grau-schwarze Rauchwolken der Gießereien, Walz-, Stahl- und Hüttenwerke, riesige weiße Dampfwolken der Kokereien und giftig gelb gefärbte der Chemiefabriken.

Das war Felix' Umfeld vom ersten Augenblick seiner Wahrnehmung an, seine Heimat, sein Aktionsraum, seine Bühne. Hier war Bewegung, hier vibrierte alles, hier wurde produziert, erfunden und verbessert. Da sollten ihm nicht irgendwelche Schlaumeier kommen, die von in Tälern gelegenen Käsereien im Sauerland, Weingütern am Rhein oder den Heidschnucken in der Lüneburger Heide schwärmten und die Kühnheit besaßen zu behaupten, dort wäre es lebenswerter und dazu noch gesünder. Auch diese Örtlichkeiten versprachen nicht das ewige Leben. Die Besserwisser müssten erst mal hier tief Luft geholt haben oder einen Hochofenabstich erleben, wenn sich die Hattinger Straße in einen Tunnel verwandelte, die Passanten in der plötzlich über sie hereingebrochenen Dunkelheit hustend herumtasteten und ihre Existenz nur noch durch Abgabe von Lautsignalen nachweisen konnten, Gefahr liefen, nicht mit einen Leitungsmast zu kollidieren oder in die offene Kanalisation zu plumpsen, bei der ein Alteisenhändler versehentlich den gusseisernen Gullideckel hatte mitgehen lassen.

Hier, entlang der permanent fingerdick rot-braun eingestaubten, regelrecht mumifizierten Häuser, stellte sich Felix gar nicht die Frage, ob hässlich oder schön, sondern lebens- wie erlebenswert und vertraut, und beobachtender wie einbezogener Teil dieser anderswo nicht alltäglichen Geschehnisse zu sein.

Ende der fünfziger Jahre sah sich der junge Felix, einerseits alters-, andererseits schulisch bedingt – seine sehr mäßigen Leistungen waren ständig steigerungsbedürftig und seit Jahr und Tag nicht enden wollendes Diskussionsthema innerhalb der Familie – vor die Frage gestellt, welchen beruflichen Weg er einzuschlagen gedächte. Vorschläge seinerseits, sich einer Expedition

in Butan anzuschließen, Humboldts Spuren in Süd-
und Mittelamerika nachzuverfolgen oder zunächst einmal für ein paar Jahre in Afrika als Aushilfs-ranger im
Buscheinsatz tätig zu werden, fanden im Familienkreis
nicht das erhoffte Echo.

Mutter und Vater hatten sich schließlich eingeschal-
tet, und nach einer Rundumorientierung im Kolle-
gen- und Verwandtschaftskreis, wie man denn das zu
lösende Problem am besten angehen sollte, standen
neben ernst gemeinten und hilfreichen Vor- und Ratschlägen auch spöttisch-ironisch-gehässige von mies
gesonnenen Zeitgenossen an, so unter anderem: Ausbildung zum Schiffsschaukelbremser, Handelsvertreter
für Erdnüsse oder Fahrstuhlführer mit Zusatzqualifi-
kation in der Bedienung von Paternostern. Sämtliche
landläufigen Ausbildungsvorschläge für eine berufliche
Betätigung auf praktischem Gebiet waren, kaum ausgesprochen, unverzüglich ausgeklammert worden, da
hierfür nach einhelliger Meinung jegliche praktischen
Befähigungen fehlten.

Schließlich hatte sich Mutter mit ihrer Jugendfreundin
Helene intensiv ausgetauscht. Helene, der Kirche eng
verbunden, jedoch auf der Suche nach den letzten Ge-
heimnissen mit einem kleinen übersinnlichen Tick be-
haftet, hatte sich Mutters Kummer geduldig angehört
und von sich gegeben:
»Ich werde deine Sorgen in meine täglichen Gebe-
te einschließen und bin sicher, dass sich eine Lösung
finden wird. Der Mensch denkt, Gott lenkt, hab nur
Geduld. Sicherheitshalber solltest du vielleicht zwei-
gleisig fahren. Es gibt da eine mir aus zurückliegen-
den Gesprächen ältere Dame in Kettwig an der Ruhr,
die offensichtlich tiefere Einblicke in das menschliche
Miteinander hat. Denk nicht, ich operiere an unserer
Kirche vorbei. Davon bin ich weit entfernt. Aber man
kann sich ja mal umsehen. Hier ist ihre Adresse mit der
Telefonnummer.«
Zu anderen Zeiten hätte Mutter einen solchen Vor-

schlag belächelt und ihn grundsätzlich wie entschieden abgelehnt. Sie hatte sich an Vater vorbei geschlichen, war mit dem Bus nach Kettwig gefahren, hatte in einer Reihenhaussiedlung die Nummer siebzehn ausfindig gemacht und vor Betätigung der Klingel ein darunter angebrachtes Schild mit dem Satz gelesen:

»Kommet her zu mir, die ihr mühselig und beladen seid.«

Eine ältere Dame mit grauem Lockenkopf und einem mild zerfurchten Gesicht hatte Mutter mit einer freundlichen Handbewegung und mit einem »Herzlich willkommen!« hineingebeten, nach gegenseitigem Vorstellen aufgefordert, ihren Mantel abzulegen und entspannt auf einem Sessel im Vorraum Platz zu nehmen.

»Ich benötige noch ein paar Minuten, um mich geistig auf Sie einzustellen«, ließ sie vor dem Betreten eines angrenzenden Raumes verlauten, »und bitte Sie nach Ertönen eines Gongs zu mir.«

Nach gut fünf Minuten ließ sich ein sanftes »Poing« vernehmen, Mutter erhob sich, öffnete die Tür zu einem mit überlang ausgestatteten Fenstervorhängen und im Halbdunkel liegenden Wohnzimmer und steuerte auf einen Stuhl vor der hinter einem Schreibtisch Sitzenden zu. Zu ihrer Verwunderung hatte die um Rat Angegangene weder einen Papagei auf der Schulter sitzen noch eine Glaskugel zu Deutungszwecken vor sich, jedoch eine Kerze entzündet, wohl um möglichst viel Licht in das Ganze zu bringen.

»Was kann ich für Sie tun, wo drückt der Schuh?« forderte sie Mutter auf.

»Unser Sohn Felix ist der Grund für mein Kommen«, sagte Mutter. »Ein unruhiger Geist, ständig in Bewegung und all dem zugetan, was ihn weniger, wenn überhaupt, interessieren sollte. Seine schulischen Leistungen möchte ich erst gar nicht ansprechen. Ich habe immer wieder den Eindruck, er habe seine Ohren auf Durchzug gestellt. Weder mein Mann noch ich dringen zu ihm durch. Er ist nicht etwa abwesend, zeigt durchaus den Willen zur Besserung, nur ist eine solche kaum je in Sicht. Wir stehen vor der Frage, wie wir weiterhin mit ihm verfahren sollen, ihn die Schule wechseln oder ihn eine Berufsausbildung antreten lassen. Wie beurteilen Sie ihn? Wie sollen wir weiter vorgehen?«

Die Angesprochene fixierte die Zimmerecke und wandte sich dann an Mutter mit den Worten:

»Ihr Sohn Felix war in seinem Vorleben nicht Ludwig Freiherr von und zu der Tann und auch keine andere bekannte Persönlichkeit. Er ist noch im Werden begriffen, sein Lebensweg verläuft unter Einfluss seiner ruhelosen Vergangenheit als Knappe eines bis an die Zähne bewaffneten Raubritters, die in diesem Leben erst noch aufgearbeitet werden muss, derzeitig ein wenig holprig wie orientierungslos. Sie sollten ihn weiterhin behutsam leiten, ihm Alternativen für seinen Werdegang aufzeigen, ihm natürlich Grenzen setzen. Mit Sicherheit wird er sich zu einem brauchbaren und verantwortungsbewussten Menschen entwickeln und sein Lebensziel erreichen.«

Dann durfte Mutter noch die Kerze ausblasen, bevor sie die Stätte verließ.

Felix, erneut von beiden Elternteilen auf seinen schulischen wie beruflichen Werdegang angesprochen, war der Meinung, nicht schon in seinem jugendlichen Alter in einen Beruf einzutreten, sondern die Schule zu wechseln und erneut Anlauf auf einer Handelsschule zu nehmen, von der er annahm, auf für ihn interessantere und unterhaltsamere Weise auf einen Beruf im weit gestreckten kaufmännischen Bereich vorbereitet zu werden. Hartnäckige Unterstützung fand er dabei durch Oma, die sich zwar unter einer Handelsschule nichts vorstellen konnte, jedoch den Glauben an ihn noch nicht verloren hatte und für ihn stritt, als ginge es hier um einen der vordersten Plätze bei der Austragung der internationalen Leichtathletikmeisterschaften:

»Ihr müsst eurem Kind mehr Verständnis entgegenbringen. Der kommt schon, nur Geduld. Ihr könnt nicht alles und jeden in den gleichen Pott werfen. Denkt mal an eure Zensuren und euren Werdegang.

Da ist auch nicht alles so glatt gelaufen und wird gern vergessen.« Irgendwann waren Vater und Mutter weich geklopft. Zwar immer noch äußerst skeptisch, erklärten sie sich schließlich einverstanden, Felix noch eine letzte Chance auf der Handelsschule einzuräumen.

Auf ein Neues

Felix kam zu spät. Die Aufnahmeprüfung an der städtischen Handelsschule war bereits gelaufen. Da war guter Rat teuer. Mutter sprach mit dem Direktor, der lehnte ab. Sie wandte sich an das Schulamt, das sagte zu. Der Direktor war sauer. Felix und ein paar andere Zuspätgekommene wurden zu einer eigens angesetzten Prüfung vorgeladen. Ergebnis: Durchgefallen! Hier war die vieldiskutierte Frage gestellt worden, ob es an ihm gelegen hätte oder andere Gründe für sein Versagen vorlagen. Aber mit Spekulationen war ihm nicht geholfen.

Was nun, wohin jetzt, was war zu tun? Doch, vielleicht gab es noch eine letzte Möglichkeit – eine Privathandelsschule im Stadtzentrum. Mutter rannte hin, aber auch hier waren die Tagesklassen vollständig besetzt. Wie es denn abends stünde? In den Abendklassen! Das ginge vielleicht. Wie alt er denn wäre? Großzügig aufgerundet, so um die sechzehn! Nun ja, das ließe sich machen!

Er fand kaum einen in seiner Altersklasse vor. Die meisten seiner neuen Kollegen waren ein ganzes Stück älter und schon länger berufstätig. Mit denen sollte er Schritt halten können? – Die Drohung im Nacken, in irgendeinen unliebsamen Beruf abgeschoben zu werden, saß der Neue zunächst da und schaute sich den Schulbetrieb an – so an die zwei Wochen.

Zehn Jahre lang hatte er sich mit Händen und Füßen mit allen Tricks und Umgehungen direkt und indirekt gegen jeden Schulbetrieb gewehrt, der für ihn mit Freiheitsentzug und Zwang verbunden war. Wo immer Felix konnte, war er ausgewichen, hatte geschoben und gekungelt, war untergetaucht und hatte abgeschrieben. Zum ersten Mal in seinem Leben nahm er ernsthaft ein Lehrbuch in die Hand, hatte in diesem Moment Frieden mit seinem Gegner geschlossen. Er begann, seine Energien in andere Richtungen zu lenken, wenn auch nicht immer in die richtigen. Vater und Mutter, die ihn längst hatten abtrudeln sehen, bekamen zum ersten Mal Benotungen und Zeugnisse zu sehen, die sie bislang nicht kennen gelernt hatten. Es kam zu keiner Diskussion, als Felix den Wunsch äußerte, auch die zweite Tagesklasse besuchen zu dürfen, und als er diese ebenfalls anstandslos durchlaufen hatte, war die Zeit gekommen, sich um einen Ausbildungsplatz zu bemühen.

Gleich der erste Anlauf führte zum Ziel, jedenfalls zur Einladung einer Geeignetenprüfung vor einer eventuellen Anstellung bei Strelitz & Köppke, dem in Sichtweite des elterlichen Hauses gelegenen großindustriellen Betrieb. Ein gutes Dutzend Bewerber fand Felix in einem Prüfungsraum vor, die sich zunächst mit der Lösung schriftlicher Aufgaben aus dem kaufmännischen Rechnungsbereich befassen mussten.

Nachdem der schriftliche Teil erledigt war, übernahm ein firmeninterner Prüfer die mündliche Befragung. Um die Allgemeinbildung in Stadt und Land ging's. Dazu die in diesem Rahmen seltsame Frage:

»Welchen Baustil weist der Kölner Dom auf?«

Für Felix aber wirklich kein Problem, denn jedermann in Deutschland mit einem Minimum an Allgemeinbildung weiß, dass der Kölner Dom im unverfälschten romanischen Baustil errichtet wurde, Felix preschte gleich vor und bediente den Prüfer fachkundig. Da ertönte von links nebenan ein meckernd klingendes Kichern, und Felix blickte in das spöttische Gesicht eines ehemaligen Mitschülers:

»Ja, selbstverständlich gotisch!«

Der Prüfer nickte wohlwollend und strafte Felix mit einem mitleidigen Blick ab. Gut, hier muss gesagt werden, dass der Bewerber gegenüber Felix einen ganz erheblichen, nicht mehr einholbaren Wissensvorsprung hatte: der war nämlich zweimal sitzen geblieben, und zwar hintereinander. Felix hätte nur zu gern diesen Klugscheißer, diesen Oberdeppen, diesen Schwadroneur, diese trübe Tasse, diese im Inneren taube Nuss seines Gehabes wegen mit faulen Eiern beworfen, mit

12

Straußeneiern. Vielleicht war es das Einzige, was der überhaupt behalten hatte, die Firma konnte ihn gerne vereinnahmen, die würden noch ihren Spaß mit dem bekommen.

Auch wenn es mit der Allgemeinbildung ein wenig haperte, wurde Felix angenommen. Keine Frage, er sagte sofort zu, denn »Strelitz und Köppke« überstrahlte die ganze Konkurrenzlandschaft bei weitem in Bezug auf Ruf und Bedeutung. Drei kaufmännische Lehrlinge waren für das laufende Jahr eingestellt worden. Am Tage ihres Eintritts in die Firma wurde den Auserwählten unter Führung des Leiters der Personalabteilung die Firmenstruktur erläutert, mehr als ein Dutzend Fertigungsbereiche und technische wie kaufmännische Abteilungen anhand von Organigrammen in einem Besucherraum vorgestellt und ihnen vermittelt, dass sie in einem ganz besonderen Unternehmen, einem Unternehmen mit internationaler Ausrichtung, kurz Weltgeltung, angekommen seien, und in Verbindung mit der Vorstellung der Firmenahnengalerie, derer von Anton Strelitz, Vater, Ottmar Strelitz, Sohn, und August Köppke, ohne Sohn, jedoch mit Tochter Mathilde, erfolgte der Einsatz der Kandidaten in jeweils einem der kaufmännischen Bereiche, wo sie vor einem Wechsel in die nächste Abteilung zwischen ein und drei Monaten verblieben. Felix startete in der Lagerbuchhaltung, zuständig für die Erfassung des Materialeinganges, der Materialbewegungen innerhalb der Werksbereiche und des Materialausganges.

Mitten im Firmengelände befand sich ein älterer Bau, in dem der neue Lehrling einen Trupp älterer Männer vorfand, die nach verdienstvollen Jahren in der Fertigung mit der Versetzung ins Lagerwesen so etwas wie ein Gnadenbrot gefunden hatten, nicht mehr im Blaumann in zugigen Fertigungshallen wirkend, sondern inmitten von Zentralheizkörpern am Schreibtisch vor Bergen von Papier, vornehmlich bestehend aus Materialeingangs- und ausgangsscheinen, und jeder hatte eine mechanische, manche sogar eine elektri-

13

sche Rechenmaschine vor sich. Da wurde den ganzen Tag bis zum Irrsinn addiert und subtrahiert und zwischendurch auch mal multipliziert und dividiert. Erbauend war das alles nicht, fand Felix, und nachdem er die Bedienungsanleitungen der Rechenmaschinen hinreichend kennen gelernt hatte, nahm er jede Gelegenheit war, aus den sauerstoffarmen Büroräumen zu entweichen, und war überaus kooperativ, wenn ihn jemand der älteren Mitarbeiter um einen Gefallen bat, der möglichst weit außerhalb der Gemäuer zu erledigen war.

Dieses Eingesperrtsein in einem Büroraum unter Ausübung überwiegend monotoner Arbeitsabläufe und mit Blick auf die Wanduhr unter Abzählen der Stunden und Minuten bis zur nächsten Pause oder bis zum Feierabend empfand er als mindestens so schlimm wie seinerzeit die Unterrichtsstunden im Gymnasium, in denen er manchmal die Fliegen an den Fenstern des Klassenzimmers gezählt und die vor den Schulfenstern taumelnden Schmetterlinge beobachtet hatte. Es ödete ihn an, und er durfte erst gar nicht daran denken, dass das möglicherweise über Jahrzehnte gehen könnte.

Zum Abschluss eines so genannten erfüllten Arbeitstages dann vielleicht noch fest eingeplante Termine in Vereinen mit erstem und zweitem Vorsitzenden, erstem und zweitem Schriftführer als auch erstem und zweitem Kassenwart und Interessensgemeinschaften, vielleicht für die Pflege des Steilufers am Mathildenbach, am Wochenende als Zuschauer bei Seifenkistenrennen und die nachbarschaftlich unabdingbare Teilnahme als zweiter Vorsitzender bei der Auszahlung der Jahressparguthaben in den Kneipen an die Zecher in Verbindung mit der Besprechung über Art und Umfang des gemeinsamen Weihnachtsessens aus den Zinserträgen abhandeln zu müssen, ließen ihn innerlich zusammenknicken.

Im Folgemonat, nachdem Felix mit seiner kollegialen Umgebung schon wärmer geworden war, freute sich Felix häufig auf den Höhepunkt eines Tagesgeschehens in der Mittagszeit. Dann war er meist rechtzeitig vor der Pause mit irgendwelchen zusammengerafften Lagerscheinen in Richtung Hauptlager unterwegs, um seine praktischen Erfahrungen zu vertiefen. Am Ende der riesigen Lagerhalle deponierte er dann den in einem Heißwasserbad aufgewärmten Suppentopf eines Lageristen auf den Boden, dirigierte den mit fünf Tonnen Hebekraft ausreichend qualifizierten Laufkran: Vorwärts – rückwärts, Laufkatze rechts – links, Haken rauf – runter – da rüber und senkte den Stahlhaken genau über dem Topf ab, um diesen dann einzuhaken, hochzuziehen und in sechs Metern Höhe längs durch die Halle dem hungrig Wartenden zu liefern. Theorie gut und schön, die Praxis darf auch nicht zu kurz kommen.

Einen ausgesprochen angenehmen Monat verbrachte Felix in der kleinen Abteilung »Nachkalkulation«, untergebracht im Dachgeschoss des Verwaltungsgebäudes. Hier waren drei ältere Mitarbeiter, zweimal männlich, einmal weiblich, vornehmlich damit beschäftigt zu ergründen, was dazu geführt hatte, dass der eine oder andere Auftrag während des Fertigungsdurchlaufs in die Binsen gegangen war. Dazu wurde alles an Belegen, solche Bestellungen an Zu- und Unterlieferanten, Materialbezüge aus dem eigenen Bestand, der Maschineneinsatz in den betrieblichen Fertigungsstätten und die damit verbundenen Löhne und die Gemeinkosten aus dem Verwaltungsbereich, kurz alles, was dem Auftrag zugeordnet werden musste, aufgelistet, zusammengefasst und dazu mit den Transportkosten und vor allem Steuern, nicht zu vergessen, versehen. Das Ergebnis der Recherche wurde dann mindestens dem jeweiligen Abteilungsleiter, in schwereren Fällen der Betriebsleitung und in ganz wichtigen Fällen gleich bis ganz nach oben weitergeleitet und per Extrakommentar kundgetan, woran es denn diesmal gelegen hatte.
Nach ein paar Tagen hatte Felix geschnallt, wie bei den Nachkalkulationen vorzugehen war, und er beschloss, sich still und ungefragt der mittäglichen Abteilungssitte anzupassen. Nach Verzehr der mitgebrachten

15

Stullen oder Auslöffeln der in einem Wasserbad aufgewärmten Henkelmänner gab sich die Mannschaft dem
Mittagsschlaf hin, wobei der linke Arm als Kopfkissen
auf den Schreibtisch deponiert wurde und die rechte
Hand auf der Tastatur der persönlichen Rechenmaschine ruhte. So blieb die Mannschaft der Abteilung nicht
nur während der eigentlichen Mittagspause, sondern
meist weit darüber hinaus vor sich hindämmernd und
manchmal auch unüberhörbar schnarchend vereint.
Näherte sich in diesen Dämmerstunden ein stets un-
willkommener Besucher aus einer anderen Abteilung
und tippte auch nur an der Klinke der Eingangstür,
schnellten die Köpfe aller ruckartig hoch und drückten
fast gleichzeitig mit der rechten Hand auf die Bedie-
nungsknöpfe der Rechenmaschinen, die pflichtschul-
dig klackernd irgendetwas ausrechneten.

Viel wichtiger als ein kometenhafter Aufstieg in berufliche Höhen erschien Felix die Intensivierung einer
in der Berufsschule eingeleiteten Freundschaft mit einer dunkelhaarigen jungen Dame namens Sarah. Allerdings brachte diese zunächst seinen Terminkalender
mit den außerberuflichen Planungen und Unterneh-
mungen, vor allem die fest angesetzten Billard- und
Skatabende, durcheinander. Das änderte sich aber im
Laufe der Zeit zusehends.

Die schmalen Lehrlingsgehälter auf beiden Seiten
reichten hinten und vorne nicht, so dass sich beide,
vor allem an den Wochenenden, intensiv der Natur zu-
wandten, das halbe Ruhrgebiet durchwanderten und
sich so lang wie möglich an einer Tasse Kaffee festhiel-
ten, um den klammen Geldbeutel zu schonen und das
Programm des im Café aufgestellten Fernsehers verfol-
gen zu können. Schon nach kürzester Zeit war Felix
unbewusst bewusst, dass er in Sarah seine Lebenspart-
nerin gefunden hatte.

Suchet und ihr werdet finden

Mit den Prüfungsergebnissen bei der Industrie- und Handelskammer nach Abschluss der Lehre musste sich Felix nicht verstecken, sie wurden anerkennend sowohl von der Personalabteilung als auch von den Eltern gewürdigt. Zwischendurch erfuhr er, dass er ursprünglich als Angestellter in der Auslandsabteilung vorgesehen gewesen war, wo er vermutlich mehr Freude an seinem beruflichen Dasein entwickelt hätte. Der Dringlichkeit wegen war die Position jedoch schon vorab besetzt worden, und er landete in der Versandabteilung des Werkes II von »Strelitz & Köppke«. Das war alles andere als erfüllend: Mit oder ohne Begleitung eines angestellten älteren Kollegen waren hier die morgens bereit gestellten Bahnwaggons zu überprüfen, die Beladung in den verschiedenen Werksteilen aufzunehmen, Rückmeldung zu erstatten, die Freigabe anzumelden und neue Waggons für den kommenden Tag anzufordern. Dazu Berge von Frachtpapieren für den LKW-Transport, durch den ein Großteil der Ruhrgebietszechen mit Erzeugnissen für den Grubenausbau und -sicherung bedient wurden. Nach einem solchen Tagesablauf konnte sich Felix am Abend kaum mehr selbst leiden und sich absolut nicht vorstellen, dass sich sein berufliches Dasein so oder ähnlich in dieser oder jeder anderen Abteilung gleich bleibend lebenslang gestalten würde.

Nach einem weiteren Jahr als Angestellter bei »Strelitz & Köppke« trat Felix die Flucht nach vorne an und verfasste Bewerbungen auf der Suche nach geeigneter erscheinenden Positionen, die reizvollere Aufgabenbereiche und vor allem mehr Bewegungsfreiheit zu versprechen schienen, wobei bereits die zweite Bewerbung erfolgreich verlief. Er erhielt eine Anstellung bei einer im Ruhrgebiet angesiedelten Tochtergesellschaft eines internationalen Konzerns.

Im Laufe seiner Einarbeitung fand Felix die Anstellung erträglich, aber auch kaum mehr. Ganz egal, in welchem kaufmännischen Bereich er schon während seiner Lehre tätig gewesen war. Schön, die Aufgabenstellungen waren verschieden, die Abläufe aber mehr oder weniger gleich. Es handelte sich immer um die Bewältigung von Papier mit und ohne Einsatz von Telefon, Rechenmaschine und Fernschreiber, mit Türen und Fenstern versehene Räume, oft überheizt und/ oder schlecht gelüftet, in denen er sich innerhalb einer festgelegten Anzahl von Arbeitsstunden zu betätigen hatte. Er war schon in der Schule damit nicht fertig geworden und hatte nunmehr als Angestellter die gleichen Probleme.

Wenn dann auch noch ein wichtigtuerischer Pförtner am Haupteingang anzutreffen war, fühlte sich Felix wie in einem Straflager, und der Widerwille wuchs. Er stellte sich dann vor, dass nur noch fünf Meter hohe, mit Stacheldraht bewehrte Mauern und oben in Ecktürmen aufgebaute Maschinengewehre fehlten, die ihn überwachten und in seinem Freiheitsdrang stoppten. Selbst die Stempeluhr mit der Ein- und Ausgangskontrolle war ihm zu viel. Er sah zwar vielerorts die Notwendigkeit dafür ein, aber nicht für sich selbst, unabhängig davon, was immer er auch anstellte oder auszuführen beabsichtigte.

Nach der Arbeit nahm Felix unbewusst immer erst einen tiefen Atemzug, gleich, wie schlecht die Straßenluft auch sein mochte, und riegelte in Gedanken alles hinter ihm Liegende ab. Von einigen Kollegen vernahm er gelegentlich, dass sich diese von Fall zu Fall sogar privat bis in den Abend hinein mit der Lösung von Problemen aller Arten aus ihrem beruflichen Wirkungsbereich befassten, sich in Extremfällen noch im Bett hin und her wälzten oder vielleicht auch damit der Familie auf den Wecker gingen. Das konnte ihm nicht passieren, aber wirklich nicht!

Behütet wurde der ganze Kollegenkreis von der Sekretärin vom Alten, Fräulein Schneck, in ihrer Abwesenheit »das Schneckerl« genannt. Trotz oder vielleicht auch wegen aller Fürsorge und Hilfsbereitschaft hatte sie stets sowohl ein behütendes als auch ein streng wachsames Auge auf jeden Einzelnen und genoss Anerkennung und Respekt. Wenn da einer glaubte, wenigstens während eines Betriebsausfluges mal ausbüchsen zu können, hatte er sich geirrt. Kollege Kümmel wusste davon zu berichten, als er mit einer der Telefonistinnen in einer dunklen Ecke des Siebengebirges verschwinden wollte. Da war wie aus dem Nichts das Schneckerl an der abknickenden Felspartie aufgetaucht, hatte Kümmel kurz in die Augen geschaut und von sich gegeben:

»Herr Kümmel, ihre Frau hatte heute Morgen noch kurz vor der Abfahrt angerufen und mir aufgetragen, ihre Tochter und ihren Schwiegersohn ließen schön grüßen und ihnen ausrichten, sie sollten wohlbehalten und vor allen Dingen unversehrt zurückkehren.«

Danach glich Kurt einem im Kochwasser brodelnden Krebs, und die Telefonistin war gleichermaßen errötend mit hoch erhobenem Kopf wie der Blitz in Gegenrichtung enteilt, so, als hätte sie mit alledem nichts zu tun.

Ja, selbst in der Vorweihnachtszeit fand sich fast jeder wegen nicht mehr zu bewältigender Berge von Papier und damit verbundener totaler Arbeitsüberlastung an Samstagen zur Ableistung von extra bezahlten Überstunden im Büro ein. Im Einverständnis aller und ausnahmslos im direkten Einsatz wurde die elektrische Märklin-Eisenbahn, die Herbert Steinbrück für seinen Sohn als Geschenk zu Weihnachten vorgesehen hatte, auf mehreren zusammengerückten Schreibtischen aufgebaut und in allen Einzelheiten über Transformator, Bahnhof, Bahnwärterhäuschen, Weichen, Tunnel, Brücken, Bahnübergang, beschrankt und unbeschrankt, Gebirgslandschaft mit ansteigendem wie absteigendem Schienenstrang, Prellböcken, Lokschuppen mit Drehscheibe und Beleuchtungsanlagen mit viel Liebe und Hingabe in Betrieb genommen. Selbst ausgewachsene Diplomingenieure scheuten sich nicht, an diesen stimmungsvollen Vorweihnachtstagen mehr unter als auf den Schreibtischen tätig zu werden, denn da lagen die Kabel, Stecker und Schalter, auf die es letztlich ankam.

In Ermangelung geeigneteren Frachtgutes stellte jeder völlig selbstlos von seinem Schreibtisch Stifte und Kugelschreiber, Hefter, Radiergummis und Anspitzer, ja selbst Tintenroller der Nobelmarke »Graf Bluco« zur Verfrachtung auf die verschiedenen Güterwaggontypen zur Verfügung, und Felix war eifrig damit beschäftigt, zwei Erzwaggons mit Büroklammern zu beladen, die dann, schließlich randgefüllt, mit nach unten versetztem idealem Schwerpunkt satt auf den Schienen auflagen und nicht aus der nächsten Kurve fliegen würden. Letztlich wäre es nicht zu verantworten gewesen, wenn Steinbrück am Heiligabend allein dagestanden hätte vor seinem unter dem Weihnachtsbaum hockenden, bitterlich weinenden Sohn, total überfordert angesichts eines undurchschaubaren Kabelsalats und Steckern und ihm nicht mal hätte die Basisfunktionen erklären können. Durch die Intensivberatung seiner Kollegen war er nun im Stande dazu.

Keiner der Beteiligten war nennenswert dazu gekommen, an den laufenden Projekten zu arbeiten. Man würde gleich am kommenden Montag über die Abteilungssekretärin für den Samstag erneut Überstunden beantragen müssen.

In diesen lebhaften Zeiten erreichte die neue Firma der Zuschlag eines Großauftrages, wie er nach dem Kriege in dieser Größenordnung noch nicht erteilt worden war, nämlich der Bau eines ganzen Hüttenkomplexes in Nord-Ost-Indien. Die Crème de la Crème der deutschen Industrie aus dem Bereich des Anlagen- und Maschinenbaus kam hier zum Zuge, und nicht gezählte Firmen aus allen Zuliefer- und Spezialbereichen waren beteiligt, so natürlich auch Felix weltweit bekannter Arbeitgeber. Er selbst war nur am Rande eingebunden, von Fall zu Fall Luftfracht- und Abrechnungspapiere zu erstellen. Mehr schon mit einbezogen war er, wenn es darum ging, nach Indien ausreisenden Monteuren und deren mitkommende Familienmitglieder in Form von Terminabsprachen beim Tropeninstitut, Einhaltung der Pass- und Visaformalitäten, Überprüfung der

Flugdaten behilflich zu sein oder Begleitpapiere für in Indien nur schwer zu beschaffende Kleinteile, die in den Koffern unterzubringen waren, vorzubereiten oder abzugleichen.

Bei der Abreise ganzer Familien, die, kaum fünfzehn Jahre nach dem Krieg, ein so außergewöhnliches Abenteuer auf sich nahmen, wurde Felix häufiger zum Düsseldorfer Flughafen abkommandiert, um sowohl den reibungslosen Ablauf am Schalter als auch bei den Zoll- und Passkontrollen zu gewährleisten und den Fernreisenden in einigen Fällen auch eine Art geistlichgeistigen Beistand zu leisten, so etwa an die Abflugbereiten:

»Die heutige Generation von Flugzeugen ist absolut sicher, Turbulenzen selbst schwerster Art stecken die locker weg, in Elftausend Meter Höhe fliegen die sowieso über dem Wetter, und die vor Ihnen Abgeflogenen sind alle angekommen – bis jetzt jedenfalls.«

Da saß Felix nun am Flughafen am Rande derer, die im Leben so unverschämt begünstigt worden waren, und leckte sich förmlich die Finger, wenn sein Blick auf die vor der Panoramascheibe geparkten Stratosphärenkreuzer traf.

Die Felix ständig umkreisenden Gedanken an die in die große weite Welt Entflohenen waren seinem Arbeitseifer absolut nicht förderlich, und er empfand so manchen täglichen Arbeitsdurchlauf zunehmend als belastend und wenig sinnvoll. Zunächst einmal stellte er die monatlich für die Geschäftsleitung anzufertigende Statistik über Auftragseingänge wie zu Ende geführte Auftragsabwicklungen ein. Kurz, er konsultierte von heute auf morgen die ihn umgebende Ingenieurschar nicht mehr, die ganz sicher froh war, den ganzen Schlabber nicht mehr mit ihm besprechen zu müssen, und standhaft schwieg. Von der Hauptverwaltung kam jedenfalls keine Reaktion; keine Sekretärin aus den Büros der beiden Geschäftsführer rief an, noch beschwerten sich die schlicht ins Abseits Gestellten auch nur mit einer einzigen Silbe. Resümee: Das ganze Ding war, dem Nicht-Informationsbedürfnis nach, völlig sinnlos, wurde von keinem eingesehen, geschweige denn beurteilt und gegebenenfalls als Auslöser für notwendige Eingriffe oder Maßnahmen angesehen und vermutlich von den Sekretärinnen seit Jahr und Tag lediglich zum Füllen bis dahin leerer Ordner verwandt.

Felix wartete so um die sechs Wochen ab, dann stellte er auch die zweite von ihm monatlich aufzubereitende Statistik ein. Auch hier, keine Ruhe vor dem Sturm, sondern überhaupt kein Sturm. Das Leben ist schon hart genug, man muss es sich nicht unnötigerweise selbst noch härter machen – manches erledigt sich von selbst!

Um eine Chance als Kaufmann innerhalb eines Projektes im Ausland zu haben, mussten erst einmal grundlegende Voraussetzungen geschaffen werden. Denn: Bei der Entsendung von etwa einem Dutzend Ingenieuren und anderen Spezialisten war allenfalls der Einsatz eines einzigen Kaufmannes vonnöten, der je nach Lage der Dinge noch von einer oder mehreren Zusatzkräften unterstützt wurde, die dann in der Regel vor Ort rekrutiert und eingearbeitet wurden. Durchweg gewünscht von einem solchen Mitarbeiter waren Auslandserfahrung in Verbindung mit gründlichen Kenntnissen in der Projektabwicklung und möglichst fließende Beherrschung einer Fremdsprache, vorzugsweise der jeweiligen Landessprache, aber durchweg reichte Englisch. Auslandserfahrung hatte Felix nicht und sein Englisch? Na ja – fließend auf keinen Fall! Und Felix war sich sicher, hier musste etwas getan werden, wollte er diesen Weg, der ihm spannend und aussichtsreich erschien, gehen.

Sally, Sheeler, Prudence, Penny, Pooh

Um seine englischen Schulkenntnisse in einen anwendungsfähigen Zustand zu versetzen, beschloss Felix, ein halbes Jahr in England zu verbringen, möglichst in Form einer bezahlten Tätigkeit, denn er würde seine Anstellung aufgeben müssen. Er verfasste eine entsprechende Anzeige, bot seine Dienste als Hilfsgärtner an und schickte den Text zum Daily Telegraph nach London mit der Bitte um Veröffentlichung im Anzeigenteil.

Vier Interessenten meldeten sich, darunter ein frühpensionierter Oberst namens Bellfield aus Kingsbridge in Devonshire, Süd-England, mit dem Felix schriftlich in Verbindung trat. Für den geplanten Zwischenaufenthalt in London vor Antritt seiner Tätigkeit meldete er sich beim YMCA zur Übernachtung für eine Aufenthaltsdauer von drei Tagen an.

Ein preiswerter Flug war über eine Studentenvereinigung zu bekommen, wobei man die eingesetzte Propellermaschine am Düsseldorfer Flughafen auch besichtigen konnte. Bis auf zwei ins Auge fallende Flicken an einer Tragfläche waren keine größeren Schäden feststellbar, dem Gesamteindruck nach war die etwas oxidiert wirkende Maschine aus dem Linienverkehr pensioniert worden, für Schüler und Studenten gewiss immer noch gut genug. Er fieberte dem Tag seiner Abreise entgegen.

Felix' hoch verehrte Sarah begleitete ihn selbstverständlich zum Flughafen, ihm Glück und Erfolg zu wünschen und Abschied zu nehmen. Zuvor noch hatte sie die Koffer einer erneuten Inspektion unterzogen, ob nichts Wichtiges vergessen worden wäre. Drei Stunden später, er hatte zuvor schon die Kontrollen passiert und Sarah den Heimweg angetreten, stand er wieder vor der heimischen Tür: Die Maschine hatte nicht so recht gewollt und war einer notwendigen Reparatur wegen nicht an den Start gegangen.

Der zweite Anlauf am nächsten Tag verlief reibungslos, die Motoren brummten zuverlässig, die Maschine lag platt wie ein Brett in der Luft, lediglich beim Passieren der Kontinentsgrenze zum Ärmelkanal gab es ein leichtes Flattern und ein paar unerhebliche Schüttler, und auch die Landung bekam der Pilot anstandslos hin. Nach einer Rundumorientierung im Flughafenbetrieb, ging es mit dem Flughafenbus weiter ins Stadtzentrum, wo sich Felix beim reservierten YMCA in einem riesigen Gebäude an der Tottenham Court Road einquartierte. Dort versorgte er sich am Nachmittag mit einem Tablett in der Hand per Selbstbedienung – das gab es auf dem Kontinent noch nicht – und machte sich ohne Verzug zu einer ersten Besichtigung der Örtlichkeiten auf.

An den Folgetagen war er ausschließlich zu Fuß in der riesigen Stadt unterwegs, bis die Socken qualmten, um sich auf keinen Fall etwas entgehen zu lassen, wobei ihn noch vor dem Buckinghampalast oder dem Tower Örtlichkeiten wie Soho und Scotland Yard bei weitem mehr interessierten, an denen Edgar Wallaces Mörder und gewiefte Detektive aufgetreten waren. Am dritten Tag seines London-Aufenthaltes machte er sich wieder auf, indem er sich per U-Bahn zur Paddington Station, dem Bahnhof für den Süd-West-England-Verkehr, begab, um sich von dort mit dem Zug in Richtung Exeter, Hauptstadt der Provinz Devonshire, in Bewegung zu setzen.

Am Bestimmungsort nahm Felix verdutzt zur Kenntnis, dass an der Waggoninnentüre die Klinke fehlte, und er hampelte, beim Versuch die Türe zu öffnen, ratlos herum, bevor ihn eine Mitreisende unterrichtete, die Eisenbahn habe bewusst die Giffe weggelassen, um zu verhindern, dass Kinder aus dem Zug fielen. Er müsse nur das Fenster herunterlassen, den Arm durch die Öffnung stecken und die Außenklinke betätigen. Frühestens hier erkannte Felix, dass in England einiges anders war. Nun ja, so vom Festland getrennt und auf einer Insel im weiten Meer? Sicher hatte das so seine Niederschläge.

24

Kaum auf dem Bahnsteig angekommen, sah er einen schnurrbärtigen, rothaarigen Endvierziger zielstrebig auf sich zukommen, der sich, ohne zu zögern, als Colonel Bellfield vorstellte. Wie er unter den anderen ausgestiegenen Personen denn sofort erkannt hätte, dass er, Felix, der erwartete Gast gewesen sei, fragte er ihn in holprigem Englisch. Das hätte er sich schon gedacht, entgegnete der Colonel, und auf eine weitere Frage Felix', wie er ihn denn ansprechen solle, vielleicht mit Mr. Bellfield?, sagte der:

»Entweder nur Colonel oder Colonel Bellfield.«

Retired sei er, sozusagen pensioniert, schon jetzt, noch vor Erreichen der Fünfzig. Er fände in und um das uralte Anwesen, welches er erworben habe, ein reiches Betätigungsfeld, und er, Felix, solle mal erst sehen, wie viel Arbeit ihn in den Gärten erwarte.

Vom Bahnhof aus fuhren sie mit einem alten Rover durch grün-hügeliges Land mit gelegentlichen Ausblicken auf das Meer, passierten den Ortsrand von Kingsbridge und bogen ein paar Kilometer weiter auf einer Hügelkuppe in einen mit aufgeschichteten Feldsteinen rechts und links gesäumten Hohlweg ein, der abwärts führte und nach etwa zwei Kilometern einen Haken um Bellfields Anwesen schlug.

Kaum ausgestiegen, stürmte ein Knäuel schwarz, weiß, braun gefleckter Hunde hinter dem Lattentor auf sie zu. Nachdem der Colonel den Eingang freigegeben hatte, wurde Felix einer Geruchs- und Biss-Inspektion in Schuhen und Hose unterzogen, bevor er und die Meute zu unzertrennlichen Freunden wurden, die ihn, kaum dass er auf der Bildfläche erschienen war, Morgen für Morgen zur Entgegennahme von Streicheleinheiten noch vor dem Frühstück konsultierten.

Sally, Sheeler, Prudence, Penny und Pooh hießen die fünf Labradorhunde, unterrichtete ihn der Colonel. Da wäre mal so einmal pro Woche der Innenhof sauber zu machen, Besen, Handfeger und Kehrblech ständen zur Verfügung, auch er, der Colonel, würde sich gelegentlich betätigen. Der Rest der Hundehinterlassenschaften verteile sich im Gelände, besonders im

Bereich der etwa acht Yard hohen Palme, ja, die bliebe auch in den Wintermonaten, fest im Erdreich verwurzelt, an Ort und Stelle. Hier gäbe es so gut wie keinen Winter. Auch die umfangreichen und dichten Büsche und Sträucher wären überwiegend subtropischer Herkunft, gediehen prächtig und müssten allenfalls mal gelichtet werden.

Und da kam auch schon Mrs. Bellfield mit einem heftig qualmenden Stumpen zwischen den Lippen und inspizierte ihrerseits den Neuzugang mit einem: »Welcome« und der Frage, ob das Wetter auf dem Kontinent ebenso sonnig-freundlich wäre wie hier. Er, Felix, solle gleich mal mitkommen – ins obere Stockwerk. Sie, die Bellfields, hätten die alte Villa mit allem Inhalt und den teils meterdicken Wänden vor eineinhalb Jahren erworben und wären noch gar nicht so recht dazu gekommen, richtig aufzuräumen.

»Das obere Stockwerk ist noch weitgehend unbekannt, vielleicht spukt es da sogar. Du kannst dir ganz nach Belieben eines der Zimmer aussuchen, eine Art Bett und zwei Liegen sind vorhanden, Decken sind haufenweise im Schrank und eine Waschgelegenheit besteht neben der Leiter zum Aufstieg in den obersten Dachbereich. Da hinten links an der Wand!«, erklärte Mrs. Bellfield.

Eine Zinkbadewanne sei sich im anschließenden Nebenzimmer, mitten im Raum aufgestellt, wäre ganz leicht mit den umliegenden Schläuchen zu füllen. Ihr Mann und sie rätselten immer noch darüber, wohin die Abwässer verschwänden. Eine Kanalisation hätten sie bislang vergeblich gesucht, und von Sickergruben fände sich keine Spur.

Das Abendessen war geradezu ein Festessen im Vergleich zu dem in den Folgemonaten aufgetischten Nahrungsangebot: Es gab Fish Finger, Kartoffelpüree und Bohnen sowie Devonshire Cream als Nachtisch. Über Unterernährung musste sich Felix keinesfalls beklagen, lediglich die Zubereitung und Zusammensetzung der Speisen war oftmals höchst eigenartig. Ein Spitzenprodukt war dabei die täglich auf den Tisch kommende

Suppe. Am Wochenanfang, mit den übrig gebliebenen Knochen des Sonntagsbratens angesetzt, nahm sie am Dienstag die aussortierten Hühnerknochen auf, am Mittwoch Schweineknochen und von Donnerstag bis Samstag Übriggebliebenes von Pute, Ente, Kaninchen oder Gans. Nach dem mittäglichen Sonntagsmahl respektive spätestens am Montagmorgen wurde der Suppenrest weggekippt, um folgend mit dem Start in die beginnende Woche eine Neuauflage zu erleben. Felix winkte dauerhaft dankend ab mit der Begründung, er sei nicht so für Suppe, während der Colonel mit seiner fleckigen Serviette den Mund abtupfte und ein tägliches »Delicious« von sich gab. Unterdessen räkelten sich die fünf Hunde unter dem großen Esstisch, wobei Felix immer so seine Mühe hatte, die Füße zwischen oder auf den Hunden zu platzieren.

Prinzipiell wurde sechs Tage die Woche in Hof und Garten gearbeitet. Nur alle drei Wochen gab es verlängerte Wochenenden unter Einschluss des Samstags. Felix nutzte die Freizeit, Südwestengland gezielt stellenweise zu erkunden, so die an der Küste befindlichen Bäder Torquay und Kingsbridge, die Stadt Plymouth und Dartmoor mit seinen halbwilden Pferden. Bellfields Garten zog sich um die hundert Meter in die Länge, an die dreißig Meter in die Breite und endete an einem sich durch die Landschaft schlängelnden wasserreichen Bach. An einer Stelle war er tief als auch breit genug, um per Kopfsprung eintauchen zu können und Felix das Schwimmen im begrenzten Rahmen an sonnigen Tagen zu ermöglichen.

Auch dem Haus gegenüber, unterbrochen von Baumgruppen und den aufgeschichteten Steinwällen, gab es noch große Wiesenflächen, die zu Bellfields Eigentum zählten. Arbeit war reichlich vorhanden: Da waren die Wiesen zu mähen, die Johannisbeersträucher mit Rasenschnitt zu düngen, neue Zaunpfähle zu setzen, Sträucher und Blumen zu schneiden, die Wege instand zu halten, den Tennisplatz zu fegen und anschließend abzuspritzen als auch bei trockenem Wetter leicht Verwelkbares zu begießen. Bei der Ernte der

Brombeeren warf der Colonel kurzerhand ein paar Planen über die gewaltigen, wild wachsenden Brombeerbüsche, Felix nahm dann Anlauf, landete platt auf den Decken, geschützt vor den Dornen, und pflückte rechts und links. So einfach war das!

Mrs. Bellfields Mitwirkung in Haus, Hof und Garten war recht mäßig und beschränkte sich eigentlich ausschließlich auf Inspektionen, wobei sie kaum jemals ohne Zigarillo anzutreffen war. Den Arbeitstag nach dem Abendessen rundete das gemeinsame Spülen ab: Der Colonel mit Lappen und Bürste im Spülwasser, Felix das Abtrockentuch sachkundig über den linken Unterarm gelegt, wobei ihm hin und wieder mal, wenn ihm die Faxen zu dicke wurden, ein Tellerchen entglitt, was Mrs. Bellfield aus dem Nebenraum mit einem: »Oh, bloody!« quittierte. Beim allerletzten Spülen vor seiner Heimreise entrutschte ihm sogar noch die gläserne, mit Blumen verzierte Butterschale, die er von Anfang an nicht hatte leiden können. Sehr alt wäre die gewesen, bemerkte der Colonel, schon seine Eltern hätten die in Betrieb gehabt.

Die Rückfahrt erfolgte via London und Dover mit dem Zug. Auf den letzten Kilometern konnte sich Felix davon überzeugen, dass die Industriekulisse mit den prägnantesten Bauten, die er seit Kindesbeinen kannte, Stellung gehalten hatten, aber irgendwie beschlich ihn das Gefühl, aus veränderter Sicht die ihn umgebenden Dinge wahrzunehmen, so, als betrachte er die altvertraute Kulisse mehr aus dem äußeren als dem inneren Blickwinkel. Der erste Weg führte zu Sarah, die nur ungefähr wusste, wann mit seiner Rückkehr zu rechnen war, sie fielen sich in die Arme, und stolz präsentierte er ihr sein Willkommensgeschenk: einen goldenen Armreif, erworben auf der Oxford Street in London, bezahlt mit dem monatelang weggesteckten Geld aus seiner gärtnerischen Tätigkeit.

Eine neue Anstellung zu bekommen, war in diesen Zeiten für Felix generell nicht schwierig, die Auftragslage war landesweit gut, und mittlerweile konnte er bei einem Vorstellungsgespräch einiges mehr in die Waagschale werfen. Nur, interessierten ihn die Angebote überhaupt? Kalkulation hier, Verkauf dort, Rechnungslegung und -prüfung, Einkauf und Versand oder eine Tätigkeit in den Industrieverbänden, alles das dann mit Telefon, Rechenmaschine, Fernschreiber und vielleicht auch Diktiergerät, da konnte ein Monat lang wie Gummi werden, wobei die Wochenenden, Feiertage und der Urlaub wie rettende Inseln erschienen, ganz sicher, auch die Zahltage waren schöne Tage.

Nicht ein einziges Angebot, das wirklich interessierte, war in Sicht. Für ihn nicht zu verstehen, wie eine ganze Anzahl seiner Freunde von ihren beruflichen Aktivitäten schwärmte, schon im Voraus ihre Bankkonten unter der Flut gewaltiger Einkommenszuwächse überschwemmt sah und in einigen Fällen schon auf den Tag genau wussten, wann ihr jetziger Chef in Pension gehen würde, um dann dessen Sessel, vielleicht neu gepolstert in nordseeblau, in Beschlag nehmen zu können. Wenn Felix an die damit verbundenen Strampeleien dachte, wurde ihm regelrecht schlecht.

Kurze Zeit nach der Rückkehr erreichte ihn ein Anruf aus einem industriellen Großunternehmen, angesiedelt im Essener Norden, mit dem Bau von Großkraftwerken, Zucker- und Brikettfabriken als Fertigungsprogramm. Von der Abwicklung einer Industriebau-Maßnahme im Ausland war am Telefon die Rede, wobei Felix, wie allseits üblich, davon ausging, die Projektabwicklung vom Schreibtisch aus in Deutschland zu erledigen. Immerhin waren bei einer solchen Konstellation gelegentlich Reisen damit verbunden – das wenigstens erhoffte er sich – und ließ einen möglicherweise interessanteren Tätigkeitsbereich in Zukunft erwarten.

Freunde zur Sonne, …..

»Herein!« rief Direktor Buchholz.

Felix trat ein und stellte sich vor. Buchholz, ein grauhaariger knapp Mittsechziger kurz vor der Pensionierung, stand auf, umrundete den Schreibtisch, stellte sich ebenfalls vor und erklärte:

»Ich freue mich.«

»Ich auch«, sagte Felix.

»Einen Kaffee vielleicht?«, fragte Buchholz.

»Gerne«, antwortete Felix.

»Tja«, sagte Buchholz, »wir haben da in Kooperation mit zwei weiteren deutschen Firmen ein Großprojekt in Indien, und zwar etwas außerhalb einer komplett neu gebauten Stadt namens Borampur, im Süden gelegen. Es gibt dort große Braunkohlevorkommen, die auf unseren Anlagen aufbereitet und verarbeitet werden sollen. Weitere Industrieanlagen werden von anderen deutschen und europäischen Firmen auf dem gleichen Gelände errichtet und dazu in Sichtweite ein Großkraftwerk, welches von den Russen gebaut wird. Insgesamt ein Riesending, sag ich Ihnen. Seit eineinhalb Jahren sind wir dort tätig und brauchen mindestens noch ein weiteres Jahr. Als Konsortialführer haben wir den Baukaufmann für die an diesem Projekt beteiligten Firmen vor Ort zu stellen. Wir hatten auch einen, aber der ist wieder in Deutschland. Beim Wechseln einer defekten Glühbirne an der Deckenbeleuchtung seines Büros ist der vom Schreibtisch gefallen und hat sich ein Bein gebrochen. Wir müssen jetzt schnellstens für Ersatz sorgen, die Konsorten drängen ständig. Ihre Unterlagen sprechen für Sie, auch wenn die praktische Erfahrung offensichtlich noch fehlt. Gemeinsam mit der Personalabteilung denken wir jedoch, dass Sie den gestellten Aufgaben gewachsen sind. Sie können aber nicht damit rechnen, vom Stammhaus allein schon der Entfernung wegen ununterbrochen unterstützt zu werden; es gibt nur eine Telefonverbindung über den indischen Regierungskunden, die nicht ständig benutzt werden kann und dazu auch noch regelmäßig ausfällt. Ihrerseits wie auch bei den bereits eingesetzten Mitarbeitern ist viel Geschick und Improvisationsvermögen gefragt. Um es kurz und zusammenfassend zu sagen: Sie müssen sehen, wie Sie mehr oder weniger innerhalb des für Sie vorgegebenen Rahmens allein klarkommen! Was meinen Sie, trauen Sie sich das zu?«

»Ich traue mir alles zu«, sagte Felix, »also fast alles«, verbesserte er sich. »Keine Frage, ich steige ein, wenn Sie sich für mich entscheiden sollten.«

»Gut«, sagte Buchholz, »offen ist nur, wie schnell Sie beginnen können. Gibt es Hindernisse?«

»Eigentlich nicht«, sagte Felix, »nur müsste ich vorher noch schnell heiraten, wobei ein vierzehntägiger Hochzeitsurlaub zu berücksichtigen wäre – den habe ich meiner Sarah schon seit Jahr und Tag versprochen.«

»Vierzehn Tage?« fragte Buchholz aufgeschreckt, »das muss ja bei der anstehenden Dringlichkeit nicht unbedingt sein. Sagen wir mal eine Woche, das tut es auch. Schließlich begleitet Sie ihre junge Frau auf Ihrem spannenden Abenteuer, und in Indien haben Sie noch genug Zeit füreinander. Einverstanden?«

»Sodann wären noch ihre Bezüge zu besprechen, die bei nicht uferlosen Ansprüchen zum Lebensunterhalt bestens ausreichen. Es soll Mitarbeiter geben, die nicht nur den ganzen Monat davon leben, sondern davon noch einen ganzen Teil sparen. Da werden wir uns ganz sicher schnell einig. Im Übrigen wohnen Sie mietfrei in einem eigenen Einfamilienhaus. Jeder der dort Eingesetzten hat selbst angestelltes Personal und meist auch noch einen Gärtner, der sich allein schon der Dauerhitze wegen empfiehlt – wenn sie einen Garten wollen. Eine Klima-Anlage befindet sich allerdings nur im Schlafzimmer, während die übrigen Räume lediglich mit Ventilatoren ausgestattet sind. Ihnen steht ein Wagen indischer Bauart, ein Ambassador, mit Fahrer zur Verfügung, den Sie dienstlich wie privat kostenfrei benutzen können. Überlandstrecken der besonderen Gegebenheiten und nicht zu unterschätzender Gefahren wegen grundsätzlich nur mit Fahrer. In Borampur können Sie selbst fahren, Linksverkehr selbstverständlich – wobei mir gerade noch einfällt, wie sieht es denn mit Ihren Englischkenntnissen aus?«

»Ich kann mich im Großen und Ganzen im Alltag recht gut verständigen«, sagte Felix, »eine Auffrischung wäre zweckmäßig, sicherlich müsste ich eine Reihe Spezialvokabeln dazulernen.«

»Dazu besteht keine Zeit mehr«, antwortete Buchholz, »wir stehen unter dem Druck unserer Konsorten. Überfliegen Sie noch mal die Grammatik, vertiefen Sie, soweit möglich, ihren Wortschatz und holen Sie sich den Rest durch praktische Anwendung vor Ort. Vielleicht findet sich dort ein Sprachlehrer, der Ihnen den letzten Schliff verabreichen kann.«

»Wo genau liegt denn mein Einsatzort?«, fragte Felix.

»Kommen Sic mal mit zur Karte an der rückwärtigen Wand«, sagte Buchholz. »Hier an der Westküste liegt Bombay, Ihr Nonstop-Ziel ab Frankfurt. In Bombay befindet sich der Hauptsitz unserer Vertretungsfirma, mit der Sie sich im Bedarfsfall beraten können. Mal abgesehen davon, dass Sie so um die eintausendzweihundert Kilometer von Bombay entfernt sein werden, können Sie nur von Fall zu Fall auf deren Hilfe zurückgreifen, denn die Vertretung ist nicht nur für uns, sondern auch für weitere deutsche Firmen aktiv. Unser Oberingenieur Kaltenborn, zuständig für das Projekt, wird sie und ihre Frau nach Indien begleiten, um sie überall vorzustellen und einzuführen. Sie bleiben voraussichtlich zwei Tage in Bombay und fahren dann mit unserem Vertreter von dort zu unserer indischen Fertigungsstätte nach Poona, die jedoch mit dem Südindien-Auftrag nichts zu tun hat. Ihre Begleitung hat dort einige Absprachen zu treffen. Am gleichen Tag kehren sie wieder nach Bombay zurück, wo Herr Kaltenborn weiteren Abstimmungs- und Klärungsbedarf mit der Vertretung erörtern wird. Nach Beendigung seiner Mission geht es dann per Flug quer über die Südspitze des Subkontinents nach Madras und von dort die letzten rund zweihundert Kilometer mit dem Auto an ihren Einsatzort. Spätestens ab Madras haben Sie den letzten Europäer gesichtet.«

»Gut«, sagte Felix.

»Ab hier beginnt für Sie Neuland« schloss Buchholz.

Felix hatte mit immer größer werdenden Augen zugehört, die Kehle wurde ihm eng vor lauter Glück, und am liebsten hätte er Direktor Buchholz umarmt, ihm rechts und links je einen Kuss auf die Wange gedrückt und ihm versichert, er würde auch für ein knappes Viertel der in Aussicht gestellten Bezüge nach Indien fahren.

Sarah fiel nach Bekanntwerden der großen Neuigkeit aus allen Wolken. Bedenken der Elternteile in Bezug auf Erdbeben, Zyklone, Malaria, Cholera, Typhus, Tigern, Schlangen, wilden Elefanten, Nashörnern, Büffeln und die Gefahren sowohl im Flug- wie im Straßenverkehr wischten Sarah und Felix bedenkenlos vom Tisch und wandten sich ihrerseits umgehend ihnen wichtiger erscheinenden Fragen zu. Die ganze Familie war sich indessen darüber einig, dass angesichts der zu erwartenden tropischen Verhältnisse fast ausschließlich nur Leichtes und möglichst rein Baumwollenes angebracht sei, auf keinen Fall Bekleidungsmaterial aus Nylon.

Für Felix begann die Einarbeitung bei der neuen Firma sehr konzentriert auf die Bewältigung der anstehenden Aufgaben gerichtet. Die Mitglieder beider Familien bewegten sich währenddessen in alle Himmelsrichtungen mit und ohne schriftlich erteilte Vollmachten: da war nicht nur leichte Kleidung zu besorgen, sondern auch polizeiliche Führungszeugnisse anzufordern, Familienstammbücher zu suchen, Pässe zu verlängern oder neu zu beantragen, die Anzahl der mitzunehmenden Badehosen zu überdenken, auf jeden Fall zwei, eventuell auch drei, denn die Tropensonne, so hatte man vernommen, würde alles Farbliche schnell ausbleichen. Sonnenbrillen waren zurechtzulegen, ausreichend Sonnenschutz einzuplanen, das richtige Schuhwerk auszuwählen, nicht zu vergessen solche aus dickem Leder der Schlangenbisse und Stiche von Skorpionen wegen, und jede Menge Hemden anzuschaffen, fünfundneunzig Prozent davon mit kurzem Arm. Ob es denn in Indien Zahnpasta gäbe, wurde Felix von Oma gefragt. Der gab sich sachkundig und meinte dazu:

»Zahnpasta gibt es vermutlich nur in den Großstädten, die Landbevölkerung benutzt die Enden eines ausgefransten Weichholzes im Mundbereich. Darauf können wir an Ort und Stelle notfalls zurückgreifen.«

Zwei große Seekisten hatte die Firma bereitgestellt, die mit allem gepackt werden konnten, was man für unentbehrlich hielt, obgleich die Häuser in Borampur komplett mit Möbeln ausgestattet waren, wie die Firma mitgeteilt hatte, und auch Geschirr, Bettwäsche, Handtücher, Töpfe und sämtliche Schneidwaren an Ort und Stelle bereitgestellt werden würden. Allerdings so hatte Felix nebenbei erfahren:

»Nehmt auf jeden Fall scharfe Messer aller Sorten mit. Auf den in Indien erhältlichen könnt ihr allenfalls nach Düsseldorf reiten.«

Zusätzlich gab es noch einen Einrichtungszuschuss in barer Münze, zu verwenden für Vorhänge und dergleichen, so dass man auf die Seekisten hätte verzichten können. Aber Sarah wollte unbedingt eine ganze Latte von Kleinigkeiten und Zubehör und, nicht zu vergessen, ihre Pfaff-Nähmaschine mitnehmen. Beim Tropeninstitut stellten sich Sarah und Felix vor, ließen alles über sich ergehen, was notwendig erschien, nahmen jede Impfung in Kauf und erhielten zum Schluss den ebenso dringlich wie gut gemeinten Rat, unter gar keinen Umständen in Indien angesichts der dortigen Verhältnisse Kinder in die Welt zu setzen. Das nahmen sich die beiden dann auch vor.

...zur Freiheit, ...

Vor der Abreise schritten Felix und Sarah zur Tat: die Hochzeit stand an. Die Termine beim Standesamt und für die kirchliche Trauung konnten der Dringlichkeit wegen kurzfristig eingeholt werden. Unter den Klängen der Orgel betraten beide am sonnendurchstrahlten Himmelfahrtstag gemessenen Schrittes die Kirche und durchquerten die vollbesetzten Bankreihen in Richtung zum Hochaltar und gaben sich das Ja-Wort.

An Hochzeitgeschenken war einiges zusammengekommen: allein elf Blumenvasen und Übertöpfe zählten Sarah und Felix, einer davon sogar mit Kalbsleder überzogen, der der in Indien lebenden Ameisen und Termiten wegen nicht mitgenommen werden konnte.

Und Tante Gerda, die schon immer Sarah sehr zugetan war, und ganz allgemein energisch die Meinung vertrat, bei jedermann müsse bei der Kleidung das Drüber und Drunter in Aufmachung und Sauberkeit übereinstimmen und nicht etwa »Oben hui und unten pfui« und zu jedem Geburtstag Unterwäsche verschenkte, flüsterte Sarah ins Ohr, sie habe auch diesmal vorgesorgt.

»Guck mal nach links zum Tischende, nein, nicht das Paket mit der roten, sondern mit der blauen Schleife. Brauchst du hier nicht auszupacken. Nimm es später einfach mit! In der zweiten Seekiste ist doch sicher noch Platz.«

Großes stand am gleichen Tage noch an: Die Abfahrt in die Flitterwochen. Sarah im flotten sandfarbenen Kostüm, cremefarbener Bluse, angetan mit hochhackigem Schuhwerk, Felix in schicker mittelbeigefarbener Sporthose mit passendem, sportlichen Slippern, einem leichten Rolli – gegen Abend sollte es etwas kühler werden – und Sportjacke über dem linken Arm, begaben sich in das bereitstehende Fahrzeug, um zum Hauptbahnhof begleitet zu werden.

Abschied nehmen vom kleinen Kreis der Mitgekom-
menen, ein Pfiff vom Mann mit der roten Mütze, ein
Letztes »Bis die Tage!« und die Lok zog an. Über Duis-
burg, Düsseldorf zunächst nach Köln mit etwas län-
gerem Zwischenaufenthalt. Sarah und Felix vertraten
sich kurz die Beine im Gang und zogen das Fenster
zum Lüften herunter, wobei sie dort ein Weilchen zu
verharren gedachten. Da ertönte aus dem Lautsprecher
eine Durchsage:

»Die Deutsche Bundesbahn gratuliert herzlich dem
Hochzeitspaar zur Vermählung und wünscht einen an-
genehmen Urlaub und traumhafte Flitterwochen im
Süden!«

Das, wie sich nach der Rückkehr herausstellte, hatte
sich Cousin Gustav ausgedacht und veranlasst. Sarah
und Felix zogen schnell das heruntergelassene Fenster wieder hoch, als eine angeheiterte Meute auf dem
Bahnsteig sie ausmachte, auf sie zusteuerte und rief:

»Das sind die da! Gute Fahrt und viel Glück auf all
Euren Wegen!«

Und dann rollten sie durch das nächtliche Dunkel:
entlang des Rheins bis nach Norditalien.

Am späten Morgen des Folgetages erreichten sie
Mailand mit seinem überaus beeindruckenden Bahnhof und nahmen die Gelegenheit wahr, sich vor der
Weiterreise mit dem Zug nach Genua einige der Sehenswürdigkeiten der Stadt anzusehen. Felix verwi-
ckelte die umstehenden Fahrgäste der Straßenbahn ab
Hauptbahnhof mit der Frage, welcher Ausstieg für die
Besichtigung der Kathedrale am zweckmäßigsten sei,
in eine lebhafte Diskussion, denn mit dem deutschen
»Kathedrale« als auch mit dem englischen »Cathedral«
wusste die halbe Straßenbahnbesatzung nichts anzu-
fangen, und man einigte sich schließlich darauf, dass
der Mailänder »Domo« gemeint sein müsse. Der war
wirklich beeindruckend, übrigens gotisch, nicht roma-
nisch. Es blieb auch noch ausreichend Zeit, ein Taxi
herbeizuwinken, um Leonardo da Vincis »Abendmahl«
im Original anzusteuern. Dann aber wurde es eng, sich
zum Mailänder Hauptbahnhof zurückzubegeben, um

den Zug zur Weiterfahrt nach Genua zu erreichen.

Genua: wunderschön die Lage der Stadt am aufsteigenden Apennin und vor allem auch die prunkvollen alten Villen und Paläste, die Gärten, teilweise selbst mitten in der Stadt, und der Hafen mit seinen bunten Häusern und den schummrigen Lokalen. Der Stadt war immer noch anzusehen, dass sie vor Zeiten eine bedeutsame Rolle im internationalen Finanzwesen eingenommen hatte. Das alles musste im Laufschritt genommen werden, wobei Felix in den teilweise steil ansteigenden Straßen Sarah regelrecht hinter sich her schleifte. Es war nicht das erste Mal, dass die beiden auf diese Weise, nämlich mit eingehakten Fingern, er voran, sie hinterher, schwieriges Gelände meisterten.

Den abfahrbereiten Zug erreichten sie gerade noch rechtzeitig und setzten ihre Flitterwochen in westliche Richtung entlang der Küste fort, passierten bekannte Badeorte und erreichten schließlich Diano Marina, ihr Flitterwochen-Domizil. Der Ort erwies sich, den Erwartungen entsprechend, als genau das Feriennest, von dem sie geträumt hatten. Nur wenige kleine bis mittelgroße Hotels oder Pensionen, eine Anzahl überschaubarer Privatquartiere, wobei die von Sarah und Felix gewählte Bleibe ein Privathotel mittlerer Größe war, getrennt durch einen Zufahrtsweg unter alten Bäumen vom gerade mal kaum mehr als dreißig Meter weit entfernten Strand.

Trotz seiner landschaftlich überaus ansprechenden Lage zwischen dem Meer und den Bergen, die sich knapp hinter der Küstenlinie gewaltig emporreckten, war der Ort nicht übervölkert. Jetzt, im Mai, standen ihnen die große Bucht und das Meer bis auf ein paar verstreute Badegäste völlig ungestört zur Verfügung. Die Tage verbrachten Sarah und Felix mit Schwimmen, Schnorcheln und Tretbootfahren und versorgten sich entweder im Hotel selbst oder auf Spaziergängen, wobei sie des Öfteren gern zum Tee oder Kaffee ein kleines, aber gemütliches Café aufsuchten und ihr Beisammensein genossen. Die Abende beschlossen die beiden meist auf der Promenade unter Apfelsinenbäumen und an den Tischen der offenen Restaurants entlang der Flanierzone, die, abends stimmungsvoll beleuchtet, zu einem Glas Wein als Tagesausklang einluden. Es gab in Bezug auf ihre gemeinsame Lebensplanung unendlich viel zu besprechen, wobei natürlich das bevorstehende Leben in Indien Platz eins einnahm.

Sie unternahmen nur eine Fahrt in die Berge und eine über San Remo nach Nizza in Verbindung mit Monaco. Unruhige Zeiten, das war ihnen sehr bewusst, lagen vor ihnen. Jetzt galt erst einmal, Kraft zu schöpfen.

Aus der von der Geschäftsleitung genehmigten einen Woche wurden zwei. Felix hatte vergessen, der Firma den Aufenthaltsort mitzuteilen, so dass sie unerreichbar blieben. Schließlich hatte er Sarah schon vor Jahren das Versprechen gegeben:

»Unter zwei Wochen tun wir's nicht.«

Was zählte denn mehr, die Firma oder Sarah?

...zur Pflicht!

Am Wochenende ihrer Rückkehr aus den Flitterwochen wurde unter letzten Hinweisen, Empfehlungen und vielen, vielen guten Ratschlägen – wie Warnungen aller Zurückbleibenden – Abschied genommen. Dabei tat sich Onkel Roland aus Wattenscheid, der zeit seines Lebens bis jetzt im Jahre 1964 kaum dem Schatten seiner Hütte entronnen war, besonders hervor, als er sagte:

»Passt bloß beim Schwimmen auf die indisch-chinesischen Krokodile auf, ruck zuck habt ihr en Arm oder en Bein weg.«

»Keine Sorge«, beruhigte ihn Felix, »Krokodile gibt es vermutlich nur noch im Dschungel, alle anderen befinden sich, verarbeitet in Handtaschen, Schuhen und Gürteln, längst irgendwo im Schaufenster.«

»Und erst die Piranhas«, fuhr er unbeirrt fort, »das sind ganz heimtückisch verfressene Biester. Da hat schon so mancher in nullkommanix an sich runter geguckt und festgestellt, dass er nur noch in Knochen dasteht.«

»Da,« lächelte Felix, »kann ich deine Befürchtungen zerstreuen: Die Piranhas sind alle in Südamerika geblieben.«

Denkwürdig war auch eine zufällige Abschiedsbegegnung mit Willi, einem um an die zehn Jahre älteren Bekannten aus der Nachbarschaft, der bei jeder Bestellung in der Kneipe stets ein »Gedeck« – ein Bier mit einem Schnaps – anforderte, in der Bahnunterführung. Willi hatte vor einigen Jahren in der Werkstatt seiner Firma bei der Herstellung einiger Zulieferteile zum Export nach Indien mitgewirkt und glaubte, Indien aus Erzählungen seiner Kumpel zu kennen, die dort im Montageeinsatz tätig gewesen waren. Willi war frontal auf Felix zugesteuert, hatte ihm den Weg versperrt, grußlos mit der Fingerspitze an die Schläfe getickt und entsetzt gefragt:

»Das kann doch wohl nicht wahr sein, was ich dieser Tage vernommen habe? Hast du denn noch alle Tassen im Schrank? Ausgerechnet nach Indien willst du auswandern und dann auch noch in Begleitung von Sarah?«

»Stopp, stopp«, hatte sich Felix versucht zu wehren, »du kannst nicht einfach pauschal mein Tun verurteilen, ohne unsere Planungen zu kennen. Ich rede dir ja auch nicht in dein Leben hinein!«

»Trotzdem«, empörte sich Willi unbeirrt, »Hölle, Pest und Cholera erwarten euch dort. Hinter eure gesunde und völlig ungewisse Rückkehr setz ich mal ein ganz großes Fragezeichen. Frag doch erst einmal jemanden, der schon mal dort war. Ich habe mir das von jemandem in der Kneipe erzählen lassen, der schon mal ein Buch über Indien gelesen hat: die Haare werden dir zu Berge stehen! In der Monsunzeit Regen und Schlamm, dann wieder Trockenheit und Wahnsinnshitze. Und dann die ganzen Tiere. Sarah, kann ich dir heute schon sagen, wird total vereinsamen, jeden Tag nur Kaffeeklatsch mit bis zum Tode gelangweilter Ehefrauen, die täglich zehn Stunden lang auf die Rückkehr ihrer malochenden Ehemänner warten. Das ist nicht zum Auszuhalten.«

»Aber«, versuchte Felix einzulenken, kam aber nicht zu Wort.

»Und du«, setzte Willi noch eins drauf, »wirst dich angesichts der Zustände und Umstände schließlich hemmungslos dem Alkohol hingeben.«

»Und selbst, wenn es die Hölle ist«, hatte Felix leise zu sich selbst gemurmelt, »zwar fällt es mir nicht leicht, mich von hier abzuseilen, aber ich komme ja zurück. Um meine Umgebung tut es mir leid. Drüben werde ich zwar auch wieder nicht gezählte Stunden im Büro sitzen, aber unter ganz anderen Bedingungen und Voraussetzungen mit auf jeden Fall viel Freiraum. Obgleich ich nie längerfristig an einem Einsatzort dieser Art war, habe ich mir immer gewünscht, irgendwo in der Ferne eingesetzt zu sein. Darüber hinaus interessiert mich Indien ungemein, dort weht garantiert genau der Wind, den ich mir gewünscht habe. Nichts hält uns zurück!« Entsprechend der Einsatzplanung der Firma würden Felix und Sarah mindestens ein Jahr wegbleiben.

Das große Gepäck im bereitstehenden Wagen von Cousin Hermann als Fahrer bereits sorgsam nach Diskussionen mit den Umstehenden, ob länglich oder besser quer, übereinander oder versuchsweise hochkant nebeneinander im Kofferraum verstaut, stellte Mutter nochmals – wie oft eigentlich – die Frage, ob die Impfpässe, Taschentücher, Kopfschmerztabletten, Erste-Hilfe-Pflaster, Kämme, Zahnbürsten, Hotelreservierungen und vor allem die Pässe mit den Visa-Eintragungen als auch die Flugtickets zur Hand seien.

»Alles unter Kontrolle«, sagte Felix, »wir können uns in Bewegung setzen.«

»Und was ist mit Geld? « fragte Mutter.

»Geld?« fragte Felix zurück.

»Guck doch vorsichtshalber noch mal in dein Portemonnaie«, verlangte sie nachdrücklich.

Felix kramte an der Gesäßtasche herum, zog die Geldbörse hervor und begann zu zählen: Er kam auf knapp eins fünfzig.

»Bist du denn von allen guten Geistern verlassen, mich trifft gleich der Schlag! Der bringt es doch glatt fertig, damit nach Indien auszureisen, und das in Begleitung seiner jungen Frau«, verkündete Mutter den Umstehenden schockiert: »Ich falle gleich in Ohnmacht, das ist doch unglaublich. Und wenn du irgendwo hängen bleibst, oder ihr werdet voneinander getrennt. Was ist dann? Du würdest ja glatt verhungern oder säßest irgendwo fest.«

»Wir werden weder voneinander getrennt, noch werde ich irgendwo hängen bleiben«, sagte Felix, »im Übrigen hat Sarah den ganzen Knatter einschließlich Schecks und ein Päckchen Rupien in der Tasche. Außerdem ist Kaltenborn bei uns, der hat auf jeden Fall Geld, oder glaubst du, er würde ohne fahren? So leichtsinnig ist der nicht.«

»Hör auf«, konterte Mutter, »sofort nimmst du diese

Scheine. Kein Widerspruch!« Felix dankte zerknirscht, man sah es ihm an.

»Wie kann man nur, einfach unglaublich!« Mutter war immer noch außer Fassung und die mitgefahrene Oma ergänzte:

»Ich glaube, du brauchst einen Schutzengel der besonderen Art, der dich von Zeit zu Zeit regelmäßig unregelmäßig stichprobenartig kontrolliert. Nicht, dass ich diese Funktion übernehmen muss.«

Auch an diesem Sonntagmorgen herrschte wie vor knapp drei Wochen am Hochzeitstag Kaiserwetter, als sie sich so gegen zehn in Bewegung setzten: Cousin Hermann, Mutter, Sarah und Felix.

»Dort vorne kannst du halten«, zeigte Mutter auf eine Parklücke. Sie hielten in unmittelbarer Nähe des Haupteinganges »Abflug«, befreiten den Wagen mit Unterstützung von Cousin Hermann von ihrem Gepäck und betraten die Empfangshalle. Oberingenieur Kaltenborn, Vorsitzender aller Konsorten für die Abwicklung des Gesamtprojekts und Felix' wie Sarahs Begleitung bis zum Zielort, erwartete sie bereits unmittelbar hinter der Eingangstüre. Felix hatte ihn in den Wochen der vorangegangenen Einarbeitung als überaus kompetenten Kollegen kennen gelernt, der trotz seiner herausgehobenen Funktion auf dem Teppich geblieben war.

Man hatte sich gegenseitig vorgestellt, die Hände kräftig geschüttelt und sich dann ohne Verzug in die Schlange der Abzufertigenden eingereiht. Durchbuchung des Hauptgepäcks über Frankfurt gleich bis Bombay, Gepäckabschnitte angeheftet an die Resttickets und Bordkarten. Der Oberingenieur wie ein Schutzengel gleich in der Sitzreihe hinter den beiden fest eingeplant. Ein letztes Abschiednehmen mit nur noch kleineren Ermahnungen:

»Hast du ein paar Taschentücher in der Hosentasche?« und »Du musst immer etwas Kleingeld für den Fall des Falles zur Hand haben!« seitens Mutter, die nervös an Felix' Kragen herumzupfte, wiederholtes Winken unter dem Zuruf »Bis die Tage!,« und Felix verschwand mit Sarah nach Pass- und Flugscheinkontrolle in die inneren Räumlichkeiten bis zum Gestühl vor dem Einlassschalter.

Die ganz große Reise begann am Spätnachmittag nach der Zwischenlandung am Frankfurter Flughafen, als Sarah und Felix den Stratosphärenkreuzer betraten, ihre Bordkarte mit den vorgegebenen Sitzen präsentierten und auf ihre Plätze zusteuerten. Und dann konnte es losgehen.

In bemerkenswertem Steilanstieg ging es nach oben, so, als könne der Pilot gleich Felix und Sarah nicht mehr abwarten, das Weite zu suchen. Stadt und Flughafen verschwanden aus ihrem Blickfeld, die Fetzen tieferer Wolkenschichten huschten an ihnen vorbei, und dann traf sie die volle Sonne aus Richtung der gegenüberliegenden Sitzreihen wie ein plötzlich auf sie gerichteter konzentrierter Scheinwerferstrahl aus einer glasklaren Luft.

Beide standen unter Hochspannung in Erwartung dessen, was Indien ihnen vorzuführen gedachte. Das war schließlich kein Urlaub, wo am Ferienort ein örtlich eingesetztes Empfangskomitee auf sie wartete, um sie in einem Hotel verhätscheln zu lassen und auf allen Wegen zu den zahlreichen Sehenswürdigkeiten an der Hand zu führen, sondern nach den Überraschungen und anfänglichen Annehmlichkeiten ein breit gefächerter Aufgabenbereich, der ihnen komplett fremd war und das in einer bisher beruflich noch nicht praktizierten Fremdsprache. Einmal, hier und da vielleicht auch zweimal, konnte man dem Vertreter des Staatskunden sagen »Ich habe Sie nicht verstanden.« Das war's dann.

Nach im Halbschlaf verbrachten Flugstunden und Öffnen des Fenstervorhanges drängte sich schließlich eine dumpf bleierne Helle in die Passagierkabine. Kurz darauf wurden sie von der Durchsage des Piloten ermuntert, man würde Bombay in ca. eineinhalb Stunden erreichen, das Frühstück wäre in Vorbereitung, man möge sich aufrappeln. Vor den Toiletten mit den sparsamen Waschgelegenheiten stauten sich bereits an die zwei Dutzend Mitreisende, Handtücher in der linken, Zahnbürste in der rechten Hand.

Noch während der Austeilung des Frühstücks zog die Maschine im scharfen Winkel nach oben, was die Ursache dafür war, dass ein vorne sitzender Passagier sein Frühstücksei verlor, welches nun munter mit ziemlichem Tempo überschlagend, an allen Passagieren vorbei den Gang herunterkollerte und erst an der Wand des Küchentraktes schlagartig gebremst wurde. Eine Lachsalve erschütterte die Maschine, und selbst die verschlafendsten Geister waren jetzt hellwach.

Es war noch dunkel am frühen Morgen, glanzlos spärliche Lichter, unregelmäßig verstreut in der Gegend wie übrig gebliebene Nachtschwärmer nach einer durchzechten Nacht, waren beim Anflug auszumachen, die Maschine übersprang in Bruchteilen von Sekunden ein paar quer verlaufende Straßen und setzte seidenweich auf.

Schlimmer geht's nimmer

Das Land ihrer Wahl, der indische Subkontinent, war erreicht, und in Erwartung kommender Eindrücke und Geschehnisse zogen sich Felix' Schulterblätter angespannt, wie auf dem Sprung befindlich, zusammen.

Aus der Literatur, Berichten und Gesprächen wussten Felix wie Sarah, dass sie gleichermaßen mit schlimmster Armut wie Reichtum nicht gekannten Ausmaßes, mit einer in Europa nicht vorhandenen und wenig bekannten Natur, mit klimatischen Extremen, eventuell auch geologischen wie klimatischen Ereignissen, mit einer völlig fremden Lebensart und einer vielfältigen kulturellen Welt konfrontiert werden würden.

Dutzende von Sprachen, hunderte Dialekte, Tempel als Verehrungsstätten für unter anderem die Hauptgötter Brahma, Vishnu, Shiva und Parvati und einer weiteren Unzahl von Göttern; über das Land ziehende Sadhus (heilige Männer, mit über das Gesicht verlaufenden weißen Aschestreifen aus verbranntem Kuhdung); Pilgerscharen in den Tempeln; über das Land verteilte Ashrams als klosterähnliche Stätten zur Meditation und Besinnung und vor ständig mit Blumen geschmückten Altären opfernde Familien. Das Land mit den beiden Riesenströmen Indus und Ganges, an dessen Ufern ununterbrochen Leichenverbrennungen stattfanden, die Asche neben Heil suchend Badenden in den Fluss entsorgt wurde, oder gleich Tote, in Tüchern gewickelt, dem Wasser übergeben wurden. Zumindest dann, wenn das Geld für den Kauf von Feuerholz nicht aufgebracht werden konnte, und Riesenfische, deren schwarze Rücken hier und da aus den Fluten auftauchten, die Restentsorgung verrichteten.

Ein trotz offizieller Abschaffung immer noch mehr oder weniger aktives Kastensystem zwischen den Unberührbaren und der Spitzengruppe der Brahmanen, jederzeit abrufbereit, wie auch noch vereinzelt, weit weg auf dem Lande, praktizierte Witwenverbrennungen. Das Land der Ärmsten aller Armen, die als einzigen Besitz, im juristischen Sinne oftmals nicht einmal als Eigentum zu bezeichnen, ein sie umhüllendes Tuch ihr Eigen nannten. Indien, ehemals in hunderte von Fürstentümern zersplittert, geführt von Maharadschas, Radschas und Maharanis, die in ihren überdimensionierten Palästen Feste und Empfänge veranstalteten, mit einer Armee von Treibern und Elefanten auf die Tigerjagd gingen, und von denen der eine oder andere mehr als hundert Karat wiegende Diamanten als Briefbeschwerer benutzte wurde.

Die Außentüren der Maschine öffneten sich zischend, und die drei setzten sich schließlich in der Reihe der nach vorne drängelnden Passagiere in Bewegung. Sarah wie Felix glaubten ihren Sinnen nicht zu trauen, als sie den Türrahmen nach draußen passierten. Unbewusst eine frische Morgenbrise erwartend, schlug ihnen eine Wand schwülwarmer Feuchtluft entgegen, die sie augenblicklich wie ein Kokon umhüllte und regelrecht verblüffte. War das hier immer so? Jetzt schon am noch dunkelgrauen frühen Morgen? Was war denn wohl noch im Laufe des Tages zu erwarten, wenn die Sonne erst über ihren Köpfen stand? Ob es hier überhaupt mal kühl wurde?

Felix, Sarah mit kranartig eingehakten Fingern im Schlepp, hob die Nüstern und steuerte vom Flugfeld auf den Eingang des Empfangsgebäudes zu. Sie betraten gemeinsam mit ihrer Begleitung eine ganz und gar nicht fremdländisch anmutende Ankunftshalle und reihten sich mit den Pässen und Impfzertifikaten in der Hand, entsprechend der Anzahl der Abfertigungskabinen kanalisiert, in eine der sich bildenden Schlangen der Abzufertigenden ein.

Die Begutachtung der Dokumente durch die Beamten der Gesundheitsbehörde verlief verhältnismäßig zügig, während die Abfertigung an den Schaltern der für die Einreise zuständigen Beamten nur schleppend vorankam. Die Müdigkeit aus der vergangenen Nacht saß ihnen in den Knochen. Irgendwann waren

46

sie an der Reihe, der Oberingenieur voran. Der Beamte durchblätterte den Pass zunächst einmal von vorne nach hinten und wieder zurück, entnahm diesem das bereits im Flugzeug ausgefüllte Einreisedokument, unterhielt sich eine Weile quer über die Köpfe der Wartenden hinweg mit einem Kollegen, überprüfte das Gültigkeitsdatum des Passes und wandte sich dann dem Studium des Visums zu. Nachdem er sich daran satt gesehen hatte, griff er zu einem Stempel, knallte diesen in ein Stempelkissen und dann mit Wucht auf eine Leerseite des Passes. Ein zweiter und schließlich ein dritter Stempel, mit denen geradezu verschwenderisch umgegangen wurde, folgten in gleicher Weise, und Kaltenborn, erlösend grinsend, erhielt seinen Pass mit einem abgetrennten und eingehefteten Teilstück des Formulars zurück.

Jetzt waren nur noch Sarah und Felix abzufertigen, um sich dann gemeinsam in Richtung des Gepäckbandes erneut in Wartestellung zu begeben.

Hinter einem Gitter mit Blick nach draußen standen Dutzende braun bis dunkelbraun gebrannte Gestalten, die, wie sich herausstellte, nicht einen Angehörigen abholen wollten, sondern untereinander darum kämpften, den Ankömmlingen für ein paar Rupien das Gepäck zu tragen, zu bewachen, ein Taxi zu vermitteln oder mit einer Auskunft dienlich sein zu dürfen.

Selbst hier war Felix noch lange nicht klar, was es überhaupt hieß, täglich um seine eigene körperliche Existenz wie die der mit den Meisten verbundenen Großfamilien kämpfen zu müssen. Sicher, man hatte davon gehört, aber mit der unmittelbaren Wirklichkeit konfrontiert zu werden, war eine andere Sache.

Einer der zahlreichen Helfer winkte ein Taxi herbei. Ein Auto unbestimmbaren Fabrikats, dem Augenschein nach fast schon mumifiziert, steuerte in ihre Richtung, und bei der folgenden Gepäckverladung griffen sofort vier Gepäckträger, die nachdrängende weitere Helfer mit Händen und Ellbogen abzuschütteln versuchten, zu. Man verlor regelrecht den Überblick, und die finanzielle Abgeltung gestaltete sich äußerst schwierig, denn jeder der zahlreich Umstehenden behauptete, irgendwie zum Wohle der drei tätig gewesen zu sein.

Die Dunkelheit wich jetzt überraschend schnell, und Sarah stieß Felix an:

»Siehst du das nicht, da rechts entlang der Straße!«

»Nein«, sagte Felix, »ich weiß nicht, was du meinst?!«

»Da liegen Menschen, dicht an dicht, einfach so auf der Erde, die schlafen hier!«

Und jetzt sah Felix es auch: Männer, Frauen und Kinder auf der nackten Erde ohne jegliche Unterlage, wobei er sich unschwer zusammenreimen konnte, dass auf diese Leute kein Frühstück wartete. Dahinter waren die Konturen äußerst primitiver Bauten aus Lehm, schmutzigen Decken und aufgelesenen Resten aller Arten, Tüchern, Papier, Palmwedeln und Bananenblättern, auszumachen, die von einzeln stehenden Palmen überragt wurden. Felix und Sarah waren auf einiges gefasst gewesen, aber das waren tiefgehende Eindrücke, die man nicht so einfach nur zur Kenntnis nehmen konnte, sondern längerer Verarbeitung bedurften.

Sie hielten im Stadtzentrum vor dem Airlines-Hotel, wobei sie, kaum angehalten, erneut von Hilfswilligen umringt wurden, die die Wagentüren aufrissen und sich auf das Gepäck stürzten. Gleich im Empfangsbereich wurden sie von zwei theatralisch aufgemachten, mit Turbanen herausgeputzten Türstehern begrüßt, die die Eingangstüren unter vielen Verbeugungen aufrissen und sie in die mit wohl einen halben Meter dicken Lüftungsrohren unschön verzierte Empfangshalle hineinbaten.

Nachdem auch hier der von den Engländern eingeführte und von den Indern zur Höchstblüte weiterentwickelte Papierkram an der Rezeption beendet worden war, einigten sich die drei auf zwei Stunden Ruhezeit, um sich dann erneut zu treffen. Zum abgesprochenen Zeitpunkt begab sich Sarah in das Hotelrestaurant, um erste Erfahrungen mit der indischen Küche zu machen, was sich als lebensentscheidend für ihre zukünftigen Vorlieben in Bezug auf Essgewohnheiten erwies, nachdem sie Bekanntschaft mit Curry Chicken gemacht hatte. Während Felix bei der Wahl solcher und ähnlicher Gerichte immer das Gefühl hatte, eine Flamme würde ihm aus dem Hals schlagen, und bei einer Gelegenheit den niemals wiederholten Versuch unternommen hatte, den Brand im Hals mit Mineralwasser zu löschen, legte Sarah immer noch gern ein Löffelchen mit dem schärfsten aller Gewürzmischungen nach und schien dann geradezu vor Glück zu versinken.

Kaltenborn begab sich mit Felix quer durch den morgendlichen Verkehr zu Fuß zur nahe gelegenen Firmenvertretung, was sich als nicht ganz einfach erwies. Die Straße war gerammelt voll mit hupenden Autos, Taxen in Massen und durchweg überladenen, mit gold- und silberfarbenem Buntblech beschlagenen und zusätzlich mit Lichterketten geschmückten Lastwagen. Radfahrer, heilige Kühe, die in Ermangelung von Grünfutter teilweise mit dem Verzehr zellulosehaltiger Morgenzeitungen beschäftigt waren, einer verbeulten eisernen Mülltonne entnommen oder vom Boden aufgelesen, und nahezu unbeweglich inmitten des brodelnden Verkehrs standen und die überall herumhüpfenden Raben, die sich an alles und jedes pickend zu schaffen machten, Handkarren und Passanten.

Der Bürgersteig war auf der ganzen Länge besprenkelt mit etwas, dass aussah wie eine Aneinanderreihung von Blutlachen, als wäre hier ein Schlachtfest gefeiert worden. Aufklärung fand er, als er die Passanten mit Blicken streifte und entdeckte, dass – überwiegend die Männer – Betelnuss kauten und den Saft in roten Strahlen auf den Fußweg spien. Das alles in der ständig zunehmenden Hitze und gleichzeitig stechender Sonnenstrahlen, die einen kaum nach Verlassen des Hotels geradezu tierisch anfielen, und man sich genötigt sah, seine Schritte möglichst durch jeden schattigen Winkel zu lenken. Zusammenfassend war festzustellen: Hier war alles völlig anders als in Essen, Castrop-Rauxel oder Düsseldorf.

Die beiden Männer erreichten trotz allem ungeschoren die Vertretung, wurden herzlich begrüßt und

Felix als künftiger kaufmännischer Leiter der Baustelle vorgestellt. Allerseits behutsames Abtasten mit Fragen und Antworten allgemeiner Art; in die so genannten Details wollte man sich später vertiefen.

Zurück zum Hotel, Einnahme des Abendessens, der Oberingenieur zog sich schon früh auf sein Zimmer zurück, während Sarah und Felix durch die nächstgelegene Seitenstraße noch dem Strand des Arabischen Meeres zustrebten. In der Dämmerung der gerade noch über dem Horizont auszumachenden Sonne bot sich ihnen ein zauberhafter Anblick auf die Bucht mit einem in orientalischer Architektur wie Beleuchtung geheimnisvoll im Wasser errichteten Tempel.

Beide wurden ständig von Händlern, Vermittlern und Bettlern angegangen, bei denen alles zu haben war: Vom Räucherstäbchen über grell gefärbte Süßigkeiten, Cashew-Nüssen, Kleinspielzeug, Feuerwerk, Gewürze, getrockneter Fisch, Sandelholzfächer, Schuhriemen, Cremes, Sandalen, Mangos bis hin zum Verkauf des eigenen Nachwuchses. Kinder trugen Kinder, die sie Felix und Sarah, mit nur einem Arm haltend, präsentierten, dabei die zweite Hand mit zusammengezogenen Fingerspitzen zum Mund führten, um die Nahrungsaufnahme zu verdeutlichen und eine Spende zu erbitten. Wurde dem nachgekommen, war das nicht ganz risikolos: Dann stürzten sich nachfolgend ganze Scharen von Bettlern auf den Spender, bis der, förmlich eingekeilt, kaum noch entkommen konnte.

Das alles spielte sich ab in einem Wust von sich mischenden und überlagernden Gerüchen und der salzigen Meeresbrise, die zumindest stoßweise bei aufkommendem Wind wahrzunehmen war. Die dabei aufkommenden Empfindungen: Faszinierend und erschreckend zugleich und erst über einen längeren Zeitraum stückchenweise zu verdauen.

Erst nach und nach kam Felix dahinter, dass Sarah auf dem gleichen Pfad gewesen war wie er, nur hatte sie nie darüber gesprochen: Das war die Welt, die sie ungeachtet einer Reihe von schockierenden Eindrücken und trotz aller Verbundenheit mit ihrem Ruhrgebiet, welches sie ohne Frage vermissen und dauerhaft auch nicht aufgeben wollten, gesucht und gefunden hatten. Warum? Manchmal sucht man in sich selbst und findet nicht auf alles eine Antwort.

Eines aber war Felix vollends klar: In dieser Welt würde er mehr persönliche Freiheit finden, mehr Kreativität ins Spiel bringen und, ganz wichtig für ihn, seine Suche nach Neuem, bislang Unbekanntem, erfüllen können.

Zeit seines Lebens würde er zweifach beheimatet sein: War er eine Zeitlang im Ruhrgebiet, wünschte er sich, in Indien zu sein, hielt er sich in Indien auf, sehnte er sich in die Umgebung des Rhein-Herne-Kanals und der Industriekulisse mit ihren stählernen Wahrzeichen zurück.

Kaltenborn flog am kommenden Tag allein zur indischen Fertigungsstätte der Firma nach Poona, die mit der Abwicklung des Auftrages in Süd-Indien nichts zu tun hatte. Mit Urlaub war im laufenden wie im kommenden Jahr voraussichtlich nicht zu rechnen, so dass Kaltenborn den beiden vorschlug, einen Tag noch frei zu nehmen, um zumindest die bekanntesten Sehenswürdigkeiten Bombays zu besichtigen. Die ließen sich das nicht zweimal sagen, mieteten ein Taxi und setzten sich zunächst in Richtung des weltberühmten Taj Mahal Hotels in Bewegung, um dort inmitten der alten Pracht ein zweites Frühstück einzunehmen.

Es folgte: die Besichtigung zweier größerer Hindutempel, des Gate Way of India – so eine Art Brandenburger Tor, welches zu Ehren König Georgs V. anlässlich seiner Ernennung zum Kaiser von Indien errichtet wurde, und die Insel Elephanta mit ihren weltberühmten Tempeln. Von einem Hügel aus konnten sie beobachten, wie über den »Türmen des Schweigens« die Geier kreisten, um ihr schauriges Mahl einzunehmen. Diese Art der Totenbestattung hatten die aus Persien eingewanderten Parsen beibehalten, die Feuer, Wasser und Erde als heilig ansehen und mit der Entsorgung menschlicher Körper und damit einhergehender Entweihung nicht in Verbindung gebracht werden durften.

In unmittelbarer Nähe dieser ungewöhnlichen Stätte machten Felix und Sarah einen kleinen, außen wie innen schlicht gehaltenen Tempel aus, zu dessen Besichtigung sie freundlich per Handbewegung eingeladen wurden. Nach ihrem Eintritt erblickten sie im Zentrum des Raumes in einem flachen Schrein eine offen brennende Flamme, an der sich der Priester des Tempels zu schaffen machte. Er, so wurden sie auf Anfrage unterrichtet, wache täglich über dieses ewig brennende Feuer als Sinnbild für die Existenz Gottes als reines Licht.

Die Hälfte des Folgetages verbrachte Felix gleich seinem Partner im Büro der Vertretung, um sich generell über die Form und Art und Weise der Zusammenarbeit zu informieren. Abrechnungs- wie Verbuchungsfragen standen zur Klärung an und die Vorgehensweise bei der Einreise weiterer Mitarbeiter bei Zoll-, Steuer- wie Immigrationsbehörden zu klären. Wichtig auch die Namen und Zuständigkeitsbereiche der zentralen Mitarbeiter der Borampur Lignite Corporation, mit denen Felix zukünftig zu tun haben würde, genannt zu bekommen und sich möglichst gleich zu merken.

Zu erforschen war der Umgang mit den Hafenbehörden in Madras, die Organisation von Gütertransporten ab Schiff auf dem Landwege zu besprechen, die Baustellenfahrer täglich nach dem anstehenden Bedarf einzusetzen sowie die Möglichkeiten der Anmietung oder Kauf von Werkzeugen, Maschinen und Baugeräten aller Art zu erfragen. Zudem die Beantragung von Unterkünften für das deutsche Führungs- und Überwachungspersonal und deren Einrichtung, Kontaktadressen von Unterlieferanten genannt zu bekommen, die Einkaufsmöglichkeiten im freien Handel zu erörtern, welche Güter überhaupt lokal erhältlich seien und welche nicht, die dann zu importieren wären. Speziell auch die Beschaffung von Zuschlags-, Hilfs- und Schmierstoffen, und so um die anderthalb Dutzend weitere Fragen mehr im Zusammenhang mit seiner in Zukunft sehr weit reichenden Tätigkeit nach dem Motto: Alles, aber auch wirklich alles, was nicht technischer Natur war, fiel in das kaufmännisch-administrative Terrain.

Auf den letzten Metern

Es wurde Zeit, die Fahrt in Richtung Madras fortzusetzen. Einer der Angestellten der Vertretung rief vor dem Bürogebäude das nächstbeste Taxi herbei, und Felix, Sahra und Kaltenborn brausten in geradezu halsbrecherischer Fahrt nach einem Zwischenstopp am Hotel zwecks Gepäckaufnahme zum Flughafen. Sie hatten nicht mal den Stadtkern verlassen, als das Fahrzeug in eine Tankstelle einbog, der Tank blitzschnell aufgefüllt wurde, der Chauffeur in den Wagen sprang und nach einem rasanten Neustart im Zickzackkurs um Lastkraftwagen, heilige Kühe, die trotz aller Heiligkeit hier und da eins drüberbekamen, und in der Hierarchie tiefer angesiedelte Esel und Ziegen herum die Fahrt fortsetzte.

Nach ein paar Kilometern kam die nächste Tankstelle in Sicht, der Fahrer bog ein, setzte die Tankpistole an und füllte auf. Spätestens jetzt guckten sich Kaltenborn Felix und Sarah gegenseitig verwundert an. Was wurde denn hier veranstaltet? Man inspizierte den Fahrer von der Seite mal genauer, vielleicht stimmte mit dem nicht alles, stand der vielleicht unter Alkohol oder hatte Rauschgift getankt?

Der kritisch Begutachtete gab erneut Gas, und sowohl der Oberingenieur als auch Felix riefen gleichermaßen wie auf Kommando:

»Stopp!«

Der Angesprochene hielt abrupt an, drehte sich um, und Kaltenborn sagte:

»Wir kommen mit ihrer riskanten Fahrweise noch mit dem zweimaligen Auftanken auf ein paar Kilometern Fahrtstrecke nicht klar. Gibt es hierfür tiefere Gründe?«

»Ja«, antwortete der, »die gibt es. Ich muss wie ein schlechter Schwimmer, der von Boje zu Boje schwimmt, um nicht zu ertrinken, jede in Sicht kommende Tankstelle ansteuern. Der Tank ist leider defekt, und ich verliere in nicht unerheblicher Menge Sprit. Geld für eine Reparatur oder Neuanschaffung eines Tanks habe ich derzeit nicht, das muss erst mal verdient werden. Im Moment behelfe ich mich auf diese Art und Weise, denn so teuer ist Benzin nicht, und ich kann es aus den laufenden Einnahmen bezahlen. Für den Rückstart vom Flughafen habe ich sicherheitshalber für die ersten Kilometer einen gefüllten Kanister unter ihrem Sitz.«

»Das beruhigt mich«, sagte Kaltenborn, »beim Eintritt eines Unfalls auf einer Bombe zu sitzen. Die packen wir erst mal in den Kofferraum, bevor die Tour weitergeht.«

Den größeren Rest der Strecke ging es dann weiter im Slalom, wie gehabt, und mit Hochgeschwindigkeit zur nächsten Benzinstation, bevor sie der Fahrkünstler mit einem ordentlichen Trinkgeld in der Tasche am Flughafen abgeliefert hatte.

Indian Airlines, zuständig für den subkontinentalen Flugdienst, nahm sie in einer modernen Maschine an Bord. Die Stewardessen, in einheitlichen Saris der Linie gekleidet, begrüßten sie mit gefalteten Händen und einer Verneigung am Einstieg und bemühten sich besonders eifrig um ihr Wohlergehen. Sie überflogen die Western Ghats, einen in Nord-Süd verlaufenden Gebirgszug an Indiens Westseite, der sich ihnen mit wechselnden Höhen, unregelmäßig mit Busch und Wald bestanden, darbot. Daran anschließend die bis zum Horizont reichenden braun-roten Ebenen, teils landwirtschaftlich genutzt, teils, so schien es aus der Flughöhe, Brachland mit hingetupften Waldflächen und Busch. Schließlich, bereits im Landeanflug auf Madras, glitt unter ihnen ein Bambusdschungel vorbei, bevor sie aufsetzten.

Am Flughafen, weit kleiner als der von Bombay, obgleich die Stadt bereits über eine Million Einwohner beherbergte, erwartete sie der Fahrer des Diplomingenieurs Pannenbäcker, Oberbauleiter für alle im Entstehen begriffenen Gewerke des Konsortiums, in picobello gebügelter Kleidung, was besonders auffiel, wenn man die meist ärmlichere Kleidung der Umstehenden dagegenhielt.

Mahni, wie er ihn kennen lernen sollte, schlank von Gestalt, schmales Gesicht und schwarz-wellig glänzendes Haar, war schon rein optisch von feinerer Sorte als die anderen Bediensteten des Projektes und sich seiner herausgehobenen Position bewusst: immerhin war er nicht der Fahrer irgendeines beliebigen oder in der Hierarchie zweitrangig angesiedelten Mitarbeiters, sondern direkter Angestellter und in gewissem Maße Vertrauter des Herrn über Leben und Tod, eben Oberbauleiter Pannenbecker. Felix quittierte ihn in der Folgezeit mit einem Lächeln, wenn er beobachtete, dass Mahnis Kollegen in Wartestellung vor den Büros eng in einem Pulk, häufig heftig diskutierend, beieinander standen und Mahni mit zwei Metern Abstand zu seinen Kollegen, Hände auf dem Rücken, in die Wolken linste – wenn mal welche da waren.

Der ethnische Unterschied zur Bevölkerung in Bombay war deutlich. Dort, die Bevölkerung überwiegend hellhäutiger und vielfach unwesentlich, wenn überhaupt, von den Europäern kaum zu unterscheiden. Hier, die dunkelbraunen, meist schlanken Tamilen, durchweg mittleren Körperbaus. Sympathisch als auch höflich- freundlich waren sie durchweg alle.

Der vorgefahrene Wagen, den sie jetzt in Beschlag nahmen, gleichermaßen geschniegelt wie Fahrer Mahni, innen wie außen, war ein indischer Ambassador. Während sie dahin schnurrten, nahm Felix rechts und links der Straße im Vorstadtbereich alles in sein Blickfeld, fast ängstlich bemüht, sich unter gar keinen Umständen auch nur die kleinste Szene entgehen zu lassen. Auf der einen Seite überwiegend aus Lehm gebaute und mit Palmwedeln gedeckte Hütten, auf der anderen Seite ein Fluss, jetzt außerhalb der Monsunzeit mit nur spärlicher Wasserführung, in dem die ausschließlich mit Saris in den buntesten Farben bekleideten Frauen die Wäsche wiederholt ins Wasser tunkten, gegen die herausragenden Felssteine im Flussbett schlugen, um sie dann zum Trocknen ausgebreitet oben auf weitere Steine oder an den Ufern abzulegen. Eine hundserbärmliche Knochenarbeit – und dann noch bei dieser Hitze, die den Reisenden ständig bewusst wurde, denn über eine Klimaanlage verfügte der Wagen gleich allen anderen Baustellenfahrzeugen nicht. Der Gegenwind aus den geöffneten Fenstern des Fahrzeuges ließ zwar den Schweiß auf der Stirn verdunsten, reduzierte jedoch nicht die Hitze des ihnen entgegen strömenden Windes. Dass sie in dieser Umgebung überhaupt mit einem Auto fuhren, erhob sie in den Augen der Durchschnittsbevölkerung in für sie selbst niemals erreichbare Himmelshöhen.

Das Leben auf der Straße, das wie ein einziger durcheinanderquirlender Strom erschien, ähnelte dem in Bombay, nur am Stadtausgang eben ländlicher, schwerstbeladene Ochsenkarren und Lastwagen, verziert mit Lampen und Lichterketten, goldglitzernden Beschlägen und silbrigen Emblemen, schwarze Büffel, um die sich niemand zu kümmern schien, die die Straße von einem Wasserloch zum anderen querten, haufenweise Rikschafahrer, lachende wie weinende Kleinkinder.

Die Frauen ausnahmslos mit Saris in leuchtenden Farben bekleidet, die Männer mit dem Dhoti, einem geknoteten Wickelrock. Hier war wohl ausnahmslos die ganze Bevölkerung auf der Straße. In einer Reihe von Fällen waren Männer ebenso mit Säcken beladen wie die Lasttiere und wankten, mühsam gebückt, irgendeinem Ziel entgegen. Von der deutschen Straßenverkehrsordnung hatte hier noch niemand gehört – die war bei dieser Art von Getriebe auch absolut nicht anwendbar.

Sowohl Felix als auch Sarah standen unter dem Eindruck, wie um Jahre versetzt, sich in einer anderen Welt, die mit Europa kaum mehr vergleichbar war, zu befinden. Und während das Geschehen um sie herum seinen Lauf nahm, fühlten sie sich selbst gleich Exoten, hatten jedoch nicht den Eindruck, beobachtet oder gar durchdringend angestarrt zu werden.

Die Stadt lag inzwischen knapp hinter ihnen, Kaltenborn räusperte sich im heißen Fahrtwind und sagte:

»Wir sollten die günstige Gelegenheit wahrnehmen und die antiken Tempelanlagen von Mahabalipuram, direkt am Strand gelegen, in einem nicht überlangen Aufenthalt besichtigen. Ich kenne sie zwar schon von meinen bisherigen Fahrten hierher, bin jedoch immer wieder von ihrer phantastischen Lage und ihrer Einmaligkeit tief beeindruckt. Später haben Sie und ihre Frau ganz sicher keine Zeit mehr dafür, und der heutige Tag ist sowieso gelaufen.«

Gar keine Frage, Felix und Sarah waren sofort einverstanden. Sie bogen von der Hauptstraße ab und erreichten in kurzer Zeit die überaus beeindruckenden, antiken Tempelanlagen, die sich in Konstruktion und Baustil sichtlich von der ansonsten in Süd-Indien üblichen Bauweise unterschieden. Auch hier Leben an allen Ecken, vor und in den Anlagen opfernde Inder mit ihrem familiären Anhang, die Frauen mit Jasminketten um den Hals, den roten Punkt auf der Stirn und vielfach mit einer Blume im Haar oder hinter dem Ohr.

Davor der Golf von Bengalen, grünlich gefärbt in der Brandung, und dann bei grell strahlender Tropensonne übergehend in ein geradezu unwahrscheinliches Tiefblau bis Schwarz, weiter draußen punktartig besetzt mit schlanken Fischerbooten, auf denen die Mannschaften, Netze in den Händen, abenteuerlich balancierten, einzig ein Lendentuch um die Hüften geschlungen. Sarah und Felix rieben sich die Augen, als könne das, was sich ihnen darbot, nicht der Realität entsprechen und sahen sich fast in einen Film versetzt.

Bevor sie ihre Fahrt fortsetzten, konnten sie noch vor der Anlage einen Kampf, Mungo gegen Cobra, beobachten, wobei der Mungo nicht lange fackelte, sich die Schlange schnappte und im nächsten Busch verschwinden wollte, woran ihn jedoch sein Herr und Meister mithilfe der um den Hals gelegten Schnur hinderte, um nicht seine Existenzgrundlage zu verlieren.

Die südwärts führende Straße blieb auf ihrer ganzen Länge spannend. Streckenweise standen entlang der Straße riesige Würgefeigen, deren Luftwurzeln aus dem Geäst dem Boden entgegenwuchsen und nach ihrer Verwurzelung mit dem Hauptstamm eine Einheit herstellten, wobei sich teilweise Bäume mit Stammdurchmessern von drei, vier Metern und mehr bildeten. In ihrem Schatten lagerten ganze Familiensippen oder standen unbeweglich weiße, großenteils völlig unterernährte Kühe, deren Beckenknochen unter der straff gespannten Haut spitz hervortraten. Weitere beherrschende Bäume in dieser Tropenlandschaft waren die breit ausladenden Mangobäume und vor allem Kokospalmen, die dem Paar die Nähe des Meeres wieder ins Gedächtnis riefen.

Die allgegenwärtigen schwarz-grauen Raben waren überall zu finden und selbst bei der größten Hitze meist lauernd auf Futtersuche aktiv, wobei sie alles in Augenschein nahmen, untersuchten und, wenn auch nur halbwegs verzehrbar, in sich hineinstopften. Auf Feldsteinen und Baumstümpfen hockten bewegungslos große Greifvögel, die Adlern mittlerer Größe nicht nachstanden und offensichtlich für die Eindämmung der Ratten-, Eidechsen- und Schlangenpopulationen zuständig waren.

Sie überquerten über weiß gestrichenen Betonbrücken zwei breite Flussläufe, in denen sich nicht ein Tropfen Wasser befand.

»Das«, erklärte ihnen Mahni auf Anfrage, »wird sich gewaltig ändern, wenn sich der Monsun austobt. Schon mit der ersten größeren Flut, die sich den Fluss hinabwälzt, wird der Unrat eines ganzen Jahres in den Golf von Bengalen gespült.«

Und Unrat war reichlich vorhanden, das konnte man wohl sagen!

Besonders Sarah litt unter heftigem Durst. Der indische Fahrer, für den diese Temperaturen an der Tagesordnung waren und der im Bedarfsfall an irgendeinem mit Palmwedeln gedeckten Bambus-Getränke-Verkaufsgestell anhielt, um sich aus undefinierbaren Glasflaschen mit bunt gefärbtem Inhalt zu bedienen, hatte keinerlei Getränke an Bord. Kaltenborn riet dringend davon ab, bei einem der Händler anzuhalten und sich zu bedienen:

»Sie müssen durchaus damit rechnen, dass die Verkäufer die irgendwo aufgetriebenen Flaschen aus der nächst besten Straßenpfütze aufgefüllt haben und zum Verkauf anbieten!«

Nach etwa drei Stunden Fahrt bogen sie von der Hauptstraße in eine schmalere Nebenstraße ab, auf der nur noch der Mittelstreifen asphaltiert war, passierten unter Palmwedeln halb versteckte Dörfer, an deren rötlich-braune Lehmhütten mit der Hand platt geformte und an die Wand geklatschte Kuhfladen in Pfannkuchengröße zum Trocknen klebten, um als Brennmaterial bei der Herstellung der Tagesmahlzeiten Verwendung zu finden.

Die Büsche rechts und links wichen zurück, und die Straße führte geradewegs auf ein massiv gemauertes, die Straße überwölbendes Eingangstor zu. Borampur war errcicht! Hinter dem Tor wurden sie von einer ganzen Anpflanzung von Cashew-Bäumen begleitet, bevor nach weiteren etwa zwei Kilometern die Bebauung mit einzeln stehenden Häusern im Bungalow- Stil, sämtlich nagelneu und mit Flachdach, einsetzte, wobei ihnen Kaltenborn, unterstützend bei ihrer Inaugenscheinnahme, erzählte:

»Die Stadt besteht bis auf ein paar Ausnahmen, so das Hotel und das Einkaufszentrum, lediglich aus vier Gebäudetypen. Die Unterkünfte werden entsprechend der Stellung der Beschäftigten von der Borampur Lignite Corporation vergeben, so dass man nicht nur die Position, sondern auch das Monatseinkommen der jeweiligen Bewohner ablesen kann. Wohnblocks gibt es nicht, jedes Haus steht im gebührenden Abstand zum nächsten für sich allein.«

Ein Kreisverkehr öffnete sich, und rechts davon lag hinter einer gepflegten Blumen- und Rasenanlage mit einer großen Fächerbanane ein zweigeschossiger, im Halbrund errichteter, ansprechend anzusehender Bau mit offenem Verbindungsgang im ersten Stock vor den Gästezimmern, rechts und links eingefasst von sich im sanften Wind wiegenden Palmen: das Circuit-Hotel.

»Hier«, sagte Kaltenborn, »werden wir nächtigen.«

Kaum, dass der Fahrer angehalten hatte, stürzte sich Sarah förmlich in das Restaurant. Der Durst war für sie fast unerträglich geworden. Die drei wurden im ersten Stock hinter einem über die ganze Vorderfront sich hinziehenden Balkon einquartiert und entnahmen ihrem Gepäck die für die nächsten Nächte und Tage benötigten Utensilien. Während Felix und Sarah mit der neuen Umgebung beschäftigt waren, begab sich ihre Begleitung zum Hause des Oberbauleiters, der jetzt nach der Arbeit vermutlich dort anzutreffen war.

Etwa eine Stunde später, die beiden hatten gerade ihr Hotelzimmer verlassen und wollten sich in die unteren Räumlichkeiten zum Abendessen begeben, versperrte ihnen eine über das ganze breite Gesicht lächelnde Riesengestalt den Weg, an die zwei Meter groß und mit gut und gerne geschätzten zweieinhalb Zentnern von Gestalt, Herr Pannenbäcker, um die zweiundsechzig, dreiundsechzig Jahre alt.

»Ganz herzlich willkommen«, grollte er sie aus fünf Metern Entfernung an, »endlich kommt der dringend angeforderte Ersatz. Ich habe im wahrsten Sinne des Wortes sehnlichst auf sie gewartet. Diese Quengeleien seitens unserer Mitkonsorten über die derzeitig nicht besetzte Stelle ist ja nicht mehr auszuhalten. Mit Ihnen«, er guckte Felix an, »glaube ich ganz sicher, hat die Firma eine zufriedenstellende Wahl getroffen. Dieser Scherenschleifer, ihr Vorgänger, das war vielleicht eine Marke, fällt der doch bei einer so simplen Tätigkeit wie dem Einschrauben einer Glühbirne glatt vom Schreibtisch. So ein Umstandsesel ist mir zuvor noch nie begegnet. Ich hatte mich ständig mit dem in den Haaren, jetzt isser er endlich weg!«

Das Grüppchen begab sich ins Restaurant. Bis auf Sarah, die, ohne mit der Wimper zu zucken, Curry Chicken in seiner schärfsten Form bestellte, tendierten die restlichen Drei zu harmloseren Gerichten.

»Den Einzug in die für Sie beide vorgesehene Unterkunft kann ich Ihnen nicht sofort versprechen«, unterrichtete sie Pannenbecker. »Die erste Bleibe befindet sich an der Hauptdurchgangsstraße, etwa um die fünfhundert Meter vom kleinen Einkaufszentrum entfernt, in dem man jedoch alles Lebensnotwendige findet. Nachdem, was ich von meinem Adjutanten Ingenieur Flegel gehört habe, ist die Einrichtung noch nicht ganz vollständig. Aber das Haus ist ohnehin nur als vorübergehend anzusehen. Ich stelle mir vor, dass Sie mit ihrer Frau so innerhalb der nächsten vierzehn Tage in das Haus des Bauingenieurs ziehen sollten, der nach Beendigung seiner Aufgaben den Heimweg antreten wird. Es ist tadellos in Schuss, der Garten überaus geschmackvoll angelegt, rundum mit Casuarina-Bäumen, einer schnell wachsenden tropischen Koniferenart, bestanden, und auch ein kleiner Swimmingpool, den sich der Bauingenieur hat bauen lassen, gehört dazu.«

Am frühen Morgen fühlte sich Sarah an der Wange berührt, schlug die Augen auf und erblickte Felix, der sich zu ihr niedergebeugt hatte, und sagte:

»Dein Prinz hat dich geweckt! Bleib noch liegen, das Frühstück kannst du unten im Speisesaal einnehmen, gegen zehn Uhr besuchen dich die Frauen von Mitstreitern, die dich herumführen und über verschiedene Einzelheiten in Bezug auf die hiesigen Lebensverhältnisse unterrichten wollen. Wir sehen uns zur Mittagszeit wieder und essen dann gemeinsam.«

Vor dem Hotel stand schon wartend einer der Baustellenfahrer, der den Abzuholenden bei dessen Erscheinen nach dem Frühstück die Wagentür aufriss. Die Fahrt verlief am Rande der Stadt entlang einer lang gestreckten riesigen Abraumhalde mit den abgeräumten Deckschichten aus dem Braunkohletagebau, der an die reichlich vorhandenen Aufschüttungen im Ruhrgebiet erinnerte. Es war deutlich abzusehen, dass dieser Berg nach den immer wiederkehrenden Attacken des Monsuns — jetzt schon liefen metertief vom Wasser eingefräste Rinnen durchgehend über die Hänge bis an den Fuß des Berges — sich in nur wenigen Jahren aufgelöst und wie ein riesiger Brei das umgebende Gelände und die dahinter liegenden Häuser bedeckt haben würde. Kaum hatten sie den Stadtaußenbereich verlassen, erblickte Felix quer über die Brachflächen hinweg einen Slum riesigen Ausmaßes. Es war kaum zu fassen, dass Menschen unter solchen Bedingungen dahin vegetierten: Kein Strom, kein fließendes Wasser, keine befestigten Wege, anstelle von festem, schützendem Mauerwerk nur aufgetürmte Lehmwände, wenn überhaupt, ansonsten aus Blech, Lumpen und Palmwedeln chaotisch ineinander verflochtene »Unterkünfte«, keine regelmäßigen Mahlzeiten, keine ärztliche Versorgung, keine Kanalisation, kein auskömmliches, geschweige denn verlässliches Einkommen und das bei Tagestemperaturen um die vierzig Grad. Wind und jeder Art von Wetter, insbesondere auch während der Monsunzeit, völlig ungeschützt ausgesetzt. Dazu wechselnde Plagen, allen voran die Malaria übertragenden Mücken, Mäuse, Ratten, Schlangen, Skorpione, Ameisen, Spinnen, Tausendfüßler und dergleichen mehr.

Die Menschen, die hier lebten, waren größtenteils hergekommen, um Arbeit für einen Tagelohn von ein paar Rupien zu finden. Später stellt Felix fest, dass das nicht der einzige Slum im Stadtbereich war, und die Häuser der Dörfer rundum, größtenteils errichtet aus rotbraunem Lehm, gedeckt mit Balken, Brettern, Palmwedeln und Blechen, die sich tagsüber glühend heiß aufheizten, sahen nicht viel besser aus.

Sie näherten sich der gewaltigen Baustelle, aus der an allen Ecken und Enden Industriekomplexe emporwuchsen, einiges schien der Vollendung entgegenzugehen, anderes offensichtlich gerade erst begonnen. An teils noch nicht vollendeten Baugruben erblickte Felix lange Menschenketten, Frauen aller Altersklassen, teils mit auf dem Rücken festgebundenen Kleinkindern oder, im Sari halb eingewickelt, an der Brust tragend, die sich nach Absetzen tellerartiger, rostig-primitiver Blechschalen den von Männern angehäuften Aushub auf den Kopf deponieren ließen und schleppenden Schrittes in stumpf ergebendem Marsch in einer langen Schlange zwei- bis dreihundert Meter weiter auf einen ständig wachsenden roten Latherit-Berg abluden, ihr Kind am Körper wieder festzurrten, den Rückweg antraten, um erneut eine weitere Ladung entgegenzunehmen. Und das bei einer gnadenlos brennenden Sonne.

Nach dem Passieren eines mehrfach bewachten Eingangstores in der weit ausholenden Umgehungsmauer, die mehrere Industrieanlagen umschloss, hielten sie vor einem zweigeschossigen Bürobau, dem Sitz der deutschen Bauüberwachungsmannschaft im Untergeschoss und der Bauleitung des Kunden im ersten Obergeschoss. Nach der Ablage von für die Baustelle bestimmten Akten, einer Reihe von Ersatzkleinteilen und verschiedenen Mitbringseln erfolgte das gegenseitige Vorstellen in allen Büros mit den Bauleitungen des Kunden und der Konsortialpartner mit ganzen Scharen von Ingenieuren, Technikern, Spezialisten und kaufmännischen Hilfskräften, Händeschütteln und Auskünfte über die eigene Herkunft. Ingenieur Krause dazu:

»Ich komme aus Zeitz in Sachsen, berühmtes Zentrum für den Bau von Maschinen, die im Braunkohleabbau eingesetzt werden. Wer Zeitz nicht kennt, hat die Welt nicht gesehen.«

Und dann fand auch schon die erste große Baustellenbesprechung mit den Bauleitern der Konsorten und Fachvertretern aus den verschiedenen Sektionen statt.

Die Mittagsmahlzeit nahm Felix mit Sarah im Restaurant des Circuit- Hauses ein, kehrte nach einer kurzen Pause mit anderen zur Baustelle zurück und begann mit der Einrichtung seines zukünftigen Arbeitsplatzes. Unterstützt wurde er dabei von einem älteren indischen Angestellten, der von der Firmenvertretung in Bombay beigestellt worden war und Stellung gehalten hatte. Infolge des unfallbedingten und vorzeitigen Ausscheidens war seitens des Vorgängers einiges liegen geblieben, so dass zunächst mit dem großen Aussortieren begonnen werden musste, bevor sich Felix den aktuelleren Geschehnissen zuwenden konnte. Nach dem Abendessen im Hotel erschien Pannenbäckers rechte

Hand, Ingenieur Flegel, und fuhr Sarah und Felix mit ihrem Gepäck zu der für die nächsten vierzehn Tage vorgesehenen Unterkunft. Kaum hatte Flegel die beiden vor ihrer Bleibe ausgeladen, startete er mit hektischen Bewegungen seinen Jeep erneut:

»Ich muss dringend weg, habe noch Wichtiges für morgen vorzubereiten«, und dann brauste er auch schon in einer scharfen Kurve winkend davon.

Felix schloss die doppelflügelige Eingangstür auf, Sarah folgte ihm, beide trauten ihren Augen nicht: Mitten im Wohnzimmer erblickten sie eine Pyramide von ineinander verkeilten Möbeln, die bis an die Decke reichte: Sowohl Bettgestelle in Einzelteilen, Matratzen, Regale, Schränkchen, Stühle, zwei Sessel, zwei Tische, ein Stahlschrank, bündelweise Bett- und Tischwäsche als auch Vorhänge für die verschiedenen Räume und eine Reihe von Kleinigkeiten.

Hier waren indische Fuhrleute mit ihren von Ochsen gezogenen Karren am Werk gewesen, die für ein paar Rupien aus einem Lager bereitgestellte Möbel abund antransportierten und vornehmlich bei den Europäern und einigen höher gestellten indischen Mitarbeitern mangels ordnender Kräfte vor Ort nach ihrem Gutdünken abluden und aufbauten oder auch nicht. Man sah's! Diese Leute kannten weder ein Bett, sie würden vermutlich nie eines besitzen, konnten einen Sessel kaum von einem Garderobenständer unterscheiden, sich unter einem Kleiderschrank nichts vorstellen und wussten von Kühlschränken nur aus Erzählungen.

Der ganze Aufbau fingerdick versehen mit rotem Latherit-Staub. Immerhin, der Kühlschrank war angeschlossen, in den Sarah ihren nachmittäglichen Einkauf weitgehend unterbrachte, auch der Herd gleich der Klima-Anlage im Schlafzimmer betriebsbereit. Das war doch schon mal was.

Lange herumzujammern half nicht: Felix stützte den Möbelberg ab, und Sarah zog das erste Bettgestellteil aus dem Getümmel. Auf keinen Fall sollte man Herrn Flegel, der vorübergehend vertretungsweise anstelle von Felix für die anständige Unterkunft neu angekommenen Personals zuständig war und auf bloße Anforderung hin über sehr viel Hilfspersonal hätte verfügen können, Vorwürfe machen. Schließlich saß der den ganzen Tag auf Pannenbäckers Schoß, raste bis in den späten Abend auf der Findung nach Allwissenheit und Vervollkommnung durch die Gegend und suchte mindestens zweimal die Woche seinen Vorgesetzten in dessen Wohnung nach dem Abendessen auf, um diesem zu berichten, was er noch so alles nach Feierabend zustande gebracht hätte:

»Alle Vorbereitungen für den kommenden Tag sind getroffen, die unterschriftsreife Post habe ich Ihnen auf den Schreibtisch gelegt. Ich komme gleich morgen früh zu Ihnen ins Büro und hol sie ab. Wann etwa gedenken Sie, vor Ort zu sein? Übrigens, wie steht's um ihre Gattin? Ich glaube, vernommen zu haben, sie habe sich erkältet.«

Dabei flog er fast ebenso häufig aus Pannenbäckers Haus heraus, wie er hineingeschwebt war, was ihn aber nicht daran hinderte, immer wieder neue Anläufe zu nehmen.

Bereits einen Tag später brachte Sarah ihr Gourmet-Erstlingswerk zustande: Möhren mit Kartoffeln, durcheinander gekocht, und dazu für jeden zwei Spiegeleier. Dass die Eier recht klein waren, lag an der zarten Bauweise südindischer Hühner, die gleich den Menschen ihre Mühe hatten, sich halbwegs anständig durchzuschlagen. Sarah testete gleich den anderen, bereits vor Ort befindlichen Damen, bei den jetzt täglich erscheinenden Händlern an der Türe jedes Ei in einer mit Wasser gefüllten Schüssel im Türrahmen auf dem Fußboden. Benahmen sich die Eier »normal« und blieben in Grundnähe, ohne sich übermäßig aufzurichten oder gar an der Oberfläche zu schwimmen, wurden sie akzeptiert, denn das hieß: Nicht verdorben oder angebrütet. Erst dann setzte der Handel ein. Nachdem Sarah anfänglich zweimal hereingelegt worden war, mutierte sie zu einer jedem Disput gewachsenen Händlerin, die Felix mit leicht offenem Mund gehörig Respekt verschaffte. Sarah:

»Sie sollen ihr Geld verdienen, aber betrügen lasse ich mich nicht!«

Felix' junge Frau entpuppte sich bei aller Zartheit und Schüchternheit mehr und mehr zu einer im unübersichtlichen Hintergrund erfolgreich agierenden Kraft, die Felix nach vorne, vor allem jedoch in die richtige Richtung schubste. Sie achtete auf Aussehen und Kleidung, bevor er wegging:

»Da hängt übrigens noch ein Haar an deinem Hosenbein. Warte, ich geh noch mal mit der Kleiderbürste über deine rechte Schulter. Streich mal mit dem Mittelfinger über deine linke Braue und zieh sie gerade, die hängt dir ja fast im Auge; du musst mehr trinken bei diesen Temperaturen und dem hohen Flüssigkeitsverlust, mindestens das Dreifache des sonst Üblichen.«

Felix – nach anfänglichem Murren und Widerstand – fügte sich mehr und mehr, denn er wurde sich zusehends bewusst, dass er ohne ihre leitende Hand mit großer Wahrscheinlichkeit bereits im Ruhrgebiet ins gesellschaftliche Abseits abgedriftet wäre: Regelmäßig in der Eckkneipe »Zum flotten Hugo« anzutreffen, bis in die Nächte hinein, Skat spielend oder in angeheiterter Runde unter Abgabe lauwarmer Sprüche knobelnd in einem halbfinsteren Loch. Dankbar war Felix und hütete Sarah wie einen Schatz, denn so eine Lebensbegleiterin findet sich nicht alle Tage. Die Aussichten für Felix, bei so viel Pflege und Fürsorge in bester Gesundheit uralt zu werden, waren glänzend.

Radhakrishnan und Konsorten

Am Morgen des Folgetages klopfte es an der Tür, ein sympathischer junger Mann, so um die fünfundzwanzig bis dreißig, stellte sich in seinem rockartigen Dhoti vor:

»Ich bin Radhakrishnan, der Konsortialfahrer, und Sie sind mein Master. Wann immer Sie mich brauchen, bin ich zur Stelle. Ich fahre, wohin Sie wollen. Ich bin ein sehr guter Fahrer, der beste von allen und passe auf Sie auf und – Sarah war inzwischen hinzu getreten – auf Madam ebenfalls. Das Auto ist blitzblank, hier ist der Schlüssel, ich komme morgen früh um sieben Uhr.«

Und dann verabschiedete er sich mit einer Verbeugung, wobei er gleichzeitig seinen Dhoti wie einen Palmwedel über seine Hüften beidseitig zusammenschlug, festzurrte und stolz aufrechten Schritts die Straße hinunterging.

Sarah und Felix schauten sich ihr Auto in der neben dem Grundstück stehenden, aus massiven Stämmen gebauten Garage an, die deutlich die typisch äußerlich verlaufenden Kanäle zeigte, die auf starken Termitenbefall hindeuteten. Der Wagen war ein indischer Ambassador im Beigeton, nicht mehr der allerneueste, jedoch tadellos in Schuss, der ihnen ab jetzt dienstlich wie privat zur Verfügung stand.

Was für einer mochte dieser Radhakrishnan wohl sein? Felix wusste es sehr bald: Er war ein wirklich hervorragender Fahrer und Gefährte, auch wenn er auf vielen, nur in einem Mittelstreifen asphaltierten Landstraßen bis zur letzten Sekunde frontal auf den Gegenverkehr zuhielt und kaum jemals als erster auswich. Bei ihm galt:

»Wer zuerst zuckt, hat verloren!«

Dringenden Aufforderungen, es mit seinen Fahrkünsten nicht zu doll zu treiben, kam er bereitwillig nach, nur hielt der gute Wille kaum ein paar Kilometer, dann hatte er den nächsten Verkehrskontrahenten im Visier. Radhakrishnan hielt Sarah und Felix allzu aufdringliche Bettler vom Leib und geleitete sie wie eine Palastwache durch alle Tempel und über alle Märkte, war nie schlecht drauf und immer pünktlich zur Stelle, unkompliziert, hilfsbereit und ehrlich. Irgendwie herrschte er unauffällig über alle anderen Fahrer, nicht, dass er sich breit machte und die anderen hinwegschubste, sondern seine stolze Betonung: »Ich bin ein Kerala Mann, Konsortialfahrer und das ist mein Chef«, erhob ihn über alle Köpfe.

Lediglich der Fahrer des Oberbauleiters, der sie bei ihrer Ankunft vom Flughafen abgeholt hatte, zog annähernd mit ihm gleich und überging seinerseits Radhakrishnans Stolz mit einem nachsichtigen Lächeln.

Nach etwas mehr als zwei Wochen in ihrer Erstbehausung konnte der Umzug in das inzwischen frei gewordene Quartier des Bauingenieurs erfolgen: Dem Gepäck, verladen auf einen zweispännig von Langhornochsen gezogenen Karren, schritten Sarah und Felix wie bei einem Festumzug voran. Ihr neues Zuhause: ein Flachdachbungalow, Typ »E«, mit vier Zimmern, Küche, Bad, Vorratsraum und Innenhof. Zu erreichen über die ebenerdig verlegte Röhre eines Monsungrabens mit einem doppelflügeligen Tor.

Dahinter, bei zehn Metern Abstand von der Straße bis zum Gebäude, rundum umgeben mit dicht gepflanzten, an die sechs Meter hohen Casuarinas, mit Blumen abgegrenzte Hartgrasflächen, die der Tropensonne trotzten und auf denen sich bis zu etwa einen halben Meter lange Eidechsen mit gezackten Köpfen sonnten und mit ruckartig auf- und niedergehenden Kopfbewegungen und gackernden Lauten ihre Rivalenkämpfe austrugen, eine dauerhaft violett blühende mindestens vier Meter hohe Bougainvillea, die seitwärts die Terrasse abdeckte und hoch über das Dach wucherte, der kleine Swimmingpool mit Überlaufrinne, mittels derer die hauseigenen Bananenstauden jederzeit bewässert werden konnten.

Das Innere pieksauber und mit Möbeln aus massivem Tropenholz ausgestattet und bereits mit Bildern, Vorhängen und ein paar Kissen geschmackvoll eingerichtet. Mehr konnte man nicht erwarten. Selbstverständlich brachte Sarah ihre Änderungs- wie Verbesserungswünsche ein, was zunächst die textile Ausstattung, die Bilder und den Anstrich zweier Räume betraf, aber das waren Kleinigkeiten im Vergleich zur vorherigen Bleibe. Sie, Sarah, würde sich ohnehin nicht ermattet in Dauerruhestellung begeben und die Dinge vor sich hertreiben lassen, dafür war sie viel zu interessiert und aktiv.

Es dauerte nur wenige Tage, und Sarah machte sich mit Quast, Pinsel, Abdeckplanen, Klebestreifen und diversen Farben ans Werk, die sie überwiegend von der Baustelle angeliefert bekam oder ergänzend aus dem Bazar bezogen hatte, soweit dort Güter dieser Art überhaupt erhältlich waren.

Von Zeit zu Zeit bekamen sie Besuch von Affen in Kleinkindergröße, die in den Casuarinas herumturnten oder sich an einem hinter dem Grundstück verlaufenden Monsungraben zu schaffen machten, Grimassen schnitten und die Zähne fletschten, wenn man ihnen zu nahe kam. Hier konnte man leben und sich wohl fühlen, obgleich Felix wie Sarah sich anfänglich gleichermaßen nach ihrer Heimat im Ruhrgebiet sehnten, wollten sie aber auch auf ihre neue Heimat von Anfang an nicht verzichten. Bereits jetzt schon hatten sie ihre Herzen an beide Örtlichkeiten in gleichem Maße verloren. Sie würden für die Dauer ihres Lebens Wanderer zwischen den Welten bleiben, wobei Indien im Verein mit ihrer deutschen Heimat gleichermaßen an erster Stelle stand.

Felix wurde problemlos mit den Örtlichkeiten und Gegebenheiten vertraut und stellte überrascht fest, dass er überaus schnell in die Anwendung der englischen Sprache hinein wuchs, was ihn ermutigte, seinerseits seinen indischen Mitarbeitern, den Wächtern am Haupteingangstor und den vor dem Bürogebäude ausharrenden Fahrern Feinheiten aus dem deutschen

Sprachraum beizubringen. »Guten Morgen« oder »Guten Tag« ersetzte er durch die Frage: »Alles klar?«, was zunächst kein Mensch verstand, bei weitem nicht einmal einige Deutsche, die meist verdutzt gegenfragten: »Was soll klar sein?« In mehreren Sonderveranstaltungen wechselnder Gruppen klärte er darüber auf, dass mit der Frage: »Alles klar?« auf einen Schlag alle Einzelfragen nach dem persönlichen Befinden, Gesundheit der Nächststehenden wie Vater, Mutter, Ehefrau und Kinder, die finanzielle Situation, der eigene Arbeitsbereich mit der Lösung von Problemen aller Art, die Dichtigkeit des Daches angesichts des bevorstehenden Monsunregens und vieles andere mehr dieser Art abgedeckt seien. So könne man viel Zeit sparen, anstatt sich durch ein halbes Dutzend Einzelfragen erst mühsam Klarheit verschaffen zu müssen. Diese, seine persönliche Methode, liefe bei ihm unter dem Kürzel S.K.E. und stände für »Schnell. Kurz. Effektiv«.

S.K.E. wendete Felix prinzipiell in allen Arbeitsbereichen an. Jeder Satz mit nachvollziehbarer inhaltlicher Aussage, mit der die Angesprochenen etwas anfangen und reagieren konnten, war ein Volltreffer. Dafür nahm er in Kauf, auch einmal eine verkraftbare Fehlentscheidung zu treffen, die im Allgemeinen korrigierbar war.

Ein Gräuel war ihm, an stundenlangen Sitzungen teilnehmen zu müssen, wo immer wieder mal Leute auftraten, die glaubten, eine Theatervorstellung mit übermäßiger Präsentation ihrer Persönlichkeit abgeben zu müssen und vor Wichtigkeit förmlich aus den Nähten tropften. Wenn dann nach all dem Geschwätz noch Fehler gemacht wurden, war das doppelt ärgerlich. Bei einer Gelegenheit war Felix mit Verspätung in eine bereits länger andauernde Besprechung seiner eigenen Mannschaft gekommen, hatte kurz zugehört und, sich dabei vom Stuhl erhebend, den er gerade erst besetzt hatte, gesagt:

»Wir machen das jetzt so, so und so. Ich danke Ihnen für Ihre Teilnahme, alles klar? Sie können Ihre Arbeit wieder aufnehmen.«

Nach mehreren Sitzungen hatte sich diese nützliche sprachliche Bereicherung endgültig verfestigt, und Felix musste bald zu seiner Freude feststellen, dass sie auf fruchtbaren Boden gefallen war, denn schon zwanzig Meter vor Erreichen des Werkstores riefen ihm die Wächter entgegen:

»Alles klar, Chef?«

Desgleichen die in Gruppen auf ihre Einsätze wartenden Fahrer, ganz zu schweigen von den engsten Mitarbeitern in den Büros.

In den ersten Wochen der beruflichen Einfindung und Aufarbeitung der Hinterlassenschaft des Vorgängers hatte Sarah Felix im Büro unterstützt und mit schneller Hand für Ordnung gesorgt. Sie hatte gleich Felix eine Ausbildung in der Industrie durchlaufen und musste nicht lange in der Organisation eingewiesen werden, im Gegenteil. Nachdem diese Phase überstanden war, hatte sie sich nach gegenseitiger Absprache in den häuslichen Bereich zurückgezogen. Hier wirkte sie jetzt unangefochten und steckte voller Ideen für unter anderem die weitere Ausgestaltung des privaten Bereichs. Jeram, ein junger Inder, half in Haus, Hof und Garten, so dass Sarah in der Tag und Nacht herrschenden und nicht nachlassenden Hitze Unterstützung fand. Die Aushilfe entpuppte sich als glänzende Wahl.

Die Wochenenden verbrachten Sarah und Felix von Mal zu Mal unweit der Bezirkshauptstadt Cuddalore am Golf von Bengalen, wo sie sich nach ihrer Ankunft hatten anmelden müssen. In Begleitung eines von der Vertretung eingesetzten dolmetschenden Inders hatten sie erneut ergiebigste Befragungen überstanden, die sie bei der Visa-Beantragung in Deutschland und bei der Einreise in Bombay als längst erledigt angesehen hatten, weitere Formulare waren aufgemacht und mit knallenden Stempeln versehen worden. Schließlich hatte der Beamte zwei Löcher in die Papiere gestanzt, einen Bindfaden fachgerecht durchgezogen und das Ganze auf einen gewaltig im Wachsen begriffenen Papierhaufen abgelegt. Es gab keine Schränke, keine

Regale und keine Ordner oder Hefter, die ganzen Bürowände rundum waren vom Boden bis zur Decke von mit Schnüren durchzogenen Aktenbündeln zugestapelt, wobei sich bei Sarah wie Felix Zweifel einstellten, ob sich hier jemals etwas wiederfinden lassen würde.

Die Einkäufe erledigten sie im kleinen Einkaufszentrum der Stadt, einem um einen Platz oval angeordneten Geschäftsbereich, oder gleich beim Feilschen vor der Tür, und ein- oder zweimal im Monat fuhr sie mit Felix die etwa zweihundert Kilometer lange Strecke nach Madras, wo alles eingekauft werden konnte, was in Borampur nicht im Angebot war und zur Besorgung auch der anderen Haushalte anstand. In Madras befand sich auch eine Untervertretung des Büros in Bombay, mit der Felix in Verbindung zur Klärung aller kaufmännisch und administrativ anstehenden Fragen und Abgleichungen stand. Sie blieben immer zwei Tage, nächtigten im Ashoka-Hotel und durchstöberten nach getaner Arbeit die Einkaufsstraßen mit ihren Edelstein-, Silber-, Seiden-, Teppich- und Sandel-, Rosen- wie Walnussholzläden.

Das Warenangebot war gewaltig, und während Sarah mit Begeisterung in den Stoffen wühlte, vergnügte sich Felix in den Teppich- und Möbelläden auf der Suche nach exquisit gewebten Stücken und versunken in der Bewunderung oftmals geradezu unglaublicher Knüpfereien und Schnitzereien. Es gab immer wieder Neues, Edles wie Kurioses zu entdecken, darunter ein Laden, der nur zwei Artikel im Angebot führte: Hinter dem linken Schaufenster türmte sich ein Berg von frisch gepflückten Mangos, zum Kauf angeboten, auf. Hinter der Glasscheibe des rechten Fensters standen fünf verschiedenfarbige Särge, ebenfalls zum Verkauf und sofortigen Mitnahme bereitgestellt.

Allein schon das tropisch quirlige Drumherum genossen beide immer aufs Neue und gönnten sich am Abend in einem der für seine exotischen Köstlichkeiten bekannten Restaurants der Stadt für Felix ein Huhn à la Coconut, eine mit flüssig-heißer Butter brutzelig braun gebratene, zu einer Kokosnuss geformte panierte

Hühnerbrust, oder ein rot gefärbtes Tandoori Chicken, in einer Vielzahl von Gewürzen eingelegte Schenkel- und Brustteile vom Huhn, im Ofen gebacken, und für Sarah eine unvergleichliche Cream of Tomatoe Soup, Tomatensuppe mit einer dicken Sahnehaube drauf, folgend ein überscharfes Curry-Huhn, allein bei dessen Anblick kamen Felix wieder einmal die Tränen.

Noch vor Vollendung des Abendessens pflegte Sarah gelegentlich zu fragen, ob Felix bereits jetzt schon abschätzen könne, wann die nächste Fahrt nach Madras fällig sei. Er solle sich mal nach ihrer Rückkehr die diesbezüglichen Planungen zur Brust nehmen.

Die nicht nur von Sarah, sondern von allen Frauen der in Borampur eingesetzten Mitarbeiter auf Ausflügen zur Provinzhauptstadt und anderen Städten mitgebrachten Baumwollstoffe, Seiden und Rohseiden wuchsen zu Bergen heran, und irgendwann war es soweit: Diverse Schneider wurden, nachdem man sich im Konsulat in Madras und an anderen Stellen kundig gemacht hatte, in den Firmenclub eingeladen, die dann wochenlang Dutzende von Kleidern, Blusen und Röcke für die Damen nähten, nach allgemeiner Zufriedenheit mit ihren von Hand zu bedienenden Tischnähmaschinen wieder verschwanden, um Wochen später händeringend wieder herbei gebeten zu werden. Denn die Schränke und Regale waren wieder vollgepfropft mit Seiden und Baumwollstoffen.

In diesen Zeiten gab es selbstverständlich keinen Urlaub, aber ein verlängertes Wochenende war immer mal drin. Abwechselnd mit den Ingenieuren wurden die mehr als zweitausend Meter hohen Nilgiris – die Blauen Berge – angesteuert, um bei den dort ansässigen deutschen Brüdern eines katholischen Ordens Schweinefleisch zu kaufen, denn das der schwarzen Schweine aus den Niederungen war wegen deren Lebensweise für Europäer ungenießbar und garantiert nicht auf Trichinenbefall untersucht worden.

Die Blauen Berge erreichte man nach langer Fahrt durch die glühend heißen Ebenen und Passieren berühmter Tempelstädte mit den für Süd-Indien typischen Tempeltürmen, bis zur Spitze hin übersät mit Götterfiguren, kunstvoll aus dem Stein geschlagen, Natur belassen oder mit allen bekannten Farben leuchtend bunt angelegt. Die größten, um die etwa vierzig Meter hohen Tempeltürme überragten oftmals die umstehenden grünen Palmenhaine und boten schon von weitem einen malerischen Anblick. Vor den steil aus der Ebene ansteigenden Bergen durchquerte man Eukalyptusanpflanzungen, im Anstieg war der Weg gesäumt mit unter anderem drei Meter hohen Weihnachtssternen, Restdschungel, folgend große Kaffeeplantagen und in den oberen Höhenlagen ab etwa sechzehnhundert Metern Tee und darüber wild wachsende Rhododendron-Bäume.

Erste Anlaufstelle auf dem Gebirgskamm war eine ältere deutsche Dame, die im Verbund mit den verbliebenen alten Engländerinnen sozusagen als Relikt aus Kolonialzeiten zurückgeblieben war, um hier in einer der angeblich gesündesten Klimazonen der Welt noch älter zu werden als sie jetzt schon waren. Ihre Hauptbetätigungen bestanden im Trinken von Tee und Spielen von Bingo bis zur Ekstase. Besonders einer der deutschen Ordensbrüder, der sich lange im Himalaya aufgehalten und sich hier später angesiedelt hatte, wusste spannend zu erzählen, wobei die als Geschenk mitgebrachte Flasche Whisky aus gesundheitlichen Gründen den Abend nicht überlebte.

Neben diesem Gebirgszug, auf dessen Höhen man endlich wieder ohne Klima-Anlage schlafen konnte, gab es noch einen benachbarten zweiten mit dem Hauptort Kodaikanal, aus dessen felsige Höhen man abwärts in den dampfenden Dschungel blicken konnte, in dem auch noch Restbestände wilder Tiger und Elefanten lebten.

Nach ein paar Tagen Aufenthalt, wieder nach Borampur zurückgekehrt, versammelten sich alle Damen des deutschen »Überwachungspersonals« im Garten des zur Beschaffung von Schweinefleisch Beauftragten, um den auf sie entfallenden Teil entgegenzunehmen.

An einem solchen Verteilerabend ließ Sarah, noch ganz am Anfang und neu in den Künsten der Haushaltsführung, zum Zwecke der Zubereitung von Schmalz die Ausgangsmasse in einem Topf auf dem Herd aus und hatte dann das kochendheiß Geschmolzene in eine Schüssel gegossen. Felix, der am Tisch saß, sah beiläufig hoch und rieb sich die Augen: Die anvisierte Schüssel, hergestellt aus Kunststoff, wurde immer kleiner und verschwand spurlos. Lediglich der etwas dickere Schüsselrand schwamm noch kurz auf dem flüssig heißen Schmalz, wurde ebenfalls unsichtbar und ergoss sich, vermischt mit dem flüssigen Fett, als kleiner Wasserfall auf den Küchenboden. Das war's – für diesen Teil des Einkaufs hatte sich die vierhundert Kilometer lange Fahrt über schmale Landstraßen zu den Nilgiris nicht gelohnt.

Roter Schlamm und Dauerregen

»Die wirtschaftliche Situation in Deutschland«, schrieb Sarahs Vater, »lässt mittlerweile zumindest in einigen Hauptbereichen zu wünschen übrig. Von einer anfänglich leichten Konjunkturdelle, die sich dann beschleunigt hat, sind wir auf eine Rezession zugesteuert, deren Auswirkungen schon merklich spürbar geworden sind. Die Großindustrie fährt deutlich zurück. Seid froh, wenn Felix zumindest bis zum Ende des Projektes einen gesicherten Arbeitsplatz hat. Wenn Du kannst, mach Dich unentbehrlich und zieh Deinen Verbleib in die Länge. In Indien bist Du mit Sarah derzeit weit besser aufgehoben als hier.«

»Tja«, sagte Felix, »ich brauch da gar nicht am Projekt ziehen oder strecken. Pannenbecker hat mir erst gestern gesagt, ich solle mich auf mindestens zwei Jahre, eher noch mehr, einrichten.« Dies sei so sicher wie das Amen in der Kirche.

»Mir soll es recht sein«, sagte Sarah, »ich fühle mich hier ebenso zuhause wie in Deutschland und habe dazu Erleichterungen, die ich mir an unserem Herkunftsort nicht leisten könnte. Die Hitze hat etwas nachgelassen, dafür ist es schwüler geworden. Ich glaube, der Monsun steht vor der Tür.«

Schon seit Tagen waren riesige Wolkengebirge aufgezogen, die an den Nachmittagen einen Großteil des Himmels beanspruchten, sich anfänglich noch auflösten und am Folgemorgen meist kaum noch oder gar nicht mehr sichtbar waren. Das ging an die vierzehn Tage so, aber dann ließen sich die Gebirge nicht mehr zurückhalten, blähten sich noch weiter auf und hielten Stellung. Der Monsun war da.

Die Sonne verschwand endgültig, der Himmel stürzte ein, die Welt ertrank. Geballt dicke, graue Wolken zogen am Himmel auf und klebten zugleich am Boden, als könnten sie die gespeicherte Wasserlast nicht mehr tragen, egal, in welche Richtung man, ohnehin stark eingeschränkt, zu blicken vermochte, es war überall gleich pappig grau. Und aus diesem Grau ergoss sich ein prasselnder Starkregen ohne Ende, der alles zu ertränken schien.

Erst bildeten sich durch den Lateritboden rot gefärbte Seen aller Größen auf den Freiflächen in und außerhalb der Stadt, denn der zementhart gebrannte Boden war zunächst nicht in der Lage, auch nur geringste Wassermengen aufzunehmen. Die unbefestigten Rinnen und Gräben, sonst das ganze Jahr über trocken, entlang der Straßen waren bald randvoll, und Sarahs und Felix' Gartenhündin, die sich ihnen ungefragt zugesellt hatte, rettete im letzten Augenblick ihre Jungen aus dem Graben vor dem doppelflügeligen Grundstückseingangstor und trug sie Stück für Stück unter die überdachte Terrasse. Jetzt hatten Felix und Sarah sechs Hunde.

Die vorsorglich angelegten, teils mit Brücken versehenen Monsungräben, die kreuz und quer die Stadt durchzogen, um die sechs Meter breit waren und an die zwei Meter tief, drohten überzulaufen. Die nicht asphaltierten Nebenstraßen, an denen auch Sarah und Felix wohnten, hatten sich in knöcheltiefe Morastpfade verwandelt, in denen rote Laterit-Seen standen. Passierte ein Fahrzeug in ungenügendem Abstand, war die ganze Kleidung von oben bis unten gesprenkelt und vermittelte den Eindruck, von der Gesellenprüfung im Fleischerhandwerk auf dem Heimweg zu sein.

Dazu lärmten allerorten die Zikaden. Felix rannte mit irgendetwas über dem Kopf durch den Vorgarten auf den Wagen zu und sprang durch den Türrahmen auf den Beifahrersitz, den Radhakrishnan durch Aufstoßen der Türe von innen in Sekundenschnelle erreichbar gemacht hatte. Die Luftfeuchtigkeit von mehr als neunzig Prozent verfolgte einen durch die Gänge des Verwaltungsgebäudes bis ins Büro. Nichts trocknete mehr. An den ersten Tagen noch hatte jeder versucht, die Schuhe auf den Matten der Büroeingänge zu reinigen und die Hosenbeine irgendwie vor dem Schlamm zu schützen. Es half alles nichts: Schon beim nächsten Gang über die Baustelle war die Hose dahin, und das Reinigen des Schuhwerks konnte man sich auf den durchtränkten und dick verkrusteten Matten ersparen. So durcheilte schließlich jeder, ohne auf sein lädiertes Aussehen zu achten, die Verbindungsgänge der Verwaltung auf knirschendem Schlamm bis in die Büros, wobei eine Schar angestellter Helfer, dürftig bekleidet und ohne Schuhwerk an den Füßen, versuchte, mithilfe Reisigbesen der Brühe Herr zu werden. Ohne jeden Erfolg: Was nach rechts gekehrt wurde, floss gleich ersatzweise wieder von links nach, was nach draußen abgeleitet werden sollte, erschien sofort wieder in Gegenrichtung, kaum dass die Beauftragten den Rücken gekehrt hatten.

Deswegen konnte die Baustelle aber nicht still stehen. Es wurde weiter gearbeitet, als wäre das völlig normal, die Tätigkeiten allerdings überwiegend in das Innere teils fertig gestellter Bauten verlegt. Auf dem Vorplatz zwischen Haupteingangstor und Bürogebäude traute Felix seinen Augen nicht: In den stark eingedrückten und unter Wasser stehenden Fahrzeugspuren tummelten sich putzmunter Riesenkäfer von Handtellergröße, die er nie zuvor gesehen hatte.

Über Nacht tauchten in Massen Insekten auf, die das Innere der Wohnung regelrecht überfluten konnten, darunter eine meterhoch springende und bei Bedarf fliegende Insektenart in der Größe von Hummeln, die Sarah und Felix zeitweise in Hundertschaften im Haus überfielen. Ohrenkneifer vermehrten sich innerhalb von Tagen und konnten in nicht mehr zu erfassender Anzahl ganze Gebäudewände abdecken.

Schlug man die eine wie die andere Sorte tot oder zertrat sie, waren in Minuten Scharen von Ameisen da, die über die Kadaver herfielen. Weder Türen noch Fenster, obgleich die Häuser sämtlich neu waren, schlossen dicht.

So machten sich Felix und Sarah wieder einmal auf den Weg nach Madras, passierten das mit Palmwedeln gedeckte Lehmhüttendorf Panrutti mit seinen Köhlereien, in dem es jahrein wie jahraus immer gleich bleibend danach stank, als rauchten die Bewohner permanent Pfeife.

Kurz vor Madras kam ein Sturm auf, und sie retteten sich mit hoher Fahrgeschwindigkeit in das Hotel »Ashoka«. Der Sturm wuchs zum Zyklon an, den Felix und Sarah vom Fenster ihres Zimmers aus beobachteten. Bäume bogen sich gefährlich tief nieder, Sträucher lagen am Boden und durch die Luft flog allerlei Undefinierbares. Das währte so durchgehend bis zum nächsten Morgen. Erst am späten Vormittag konnten Sarah und Felix mit ihren Erledigungen beginnen und dann daran denken, die Heimfahrt anzutreten.

Bis auf den Umstand, dass zwei mächtige Frachter an Madras' Strand gespült worden waren und auf dem Sand festsaßen, war die Stadt trotz allem einigermaßen gut weggekommen. Nicht jedoch die Außenbezirke und die Dörfer entlang der Rückfahrtstrecke. Lehmhütten waren teilweise eingestürzt, Dächer davon geflogen, die Felder standen unter Wasser und überall lag Geäst am Boden. Rundum sah man umgestürzte Bäume und vom Sturm zerfetzte Palmwipfel.

Nach dreißig Kilometern Rückfahrtstrecke war die Fahrt abrupt zu Ende. Quer über der nach Süden führenden Hauptstraße lag ein Banyen-Baum, eine Würgefeige, mit einem unteren Stammdurchmesser um die dreieinhalb Meter. Dass ein solcher Baum überhaupt umkippen konnte, blieb schleierhaft. Vielleicht war das gute Stück morsch gewesen, oder ein Wirbel hatte sich in seinem breit ausladenden Geäst ausgetobt. Das Bemerkenswerteste aber war, dass auf dem umgekippten Stamm ein schmalbrüstiger Inder saß, der begonnen hatte, mittels einer kleinen Handsäge, den Stamm zu durchsägen. Radhakrishnan guckte Sarah an, Sarah guckte Felix an, und Felix sagte zu Sarah:

»Wir kommen in anderthalb Jahren wieder, dann ist der so weit.«

So lange wollte Sarah dann doch nicht warten, und sie beschlossen, nach Madras zurückzukehren und zunächst mal für eine weitere Nacht unterzukommen, denn die Straßen waren fast überall nur eingeschränkt, befahrbar, wenn überhaupt.

Sie starteten einen neuen Versuch am Folgetag und umfuhren die andauernde Blockade in komplizierten Manövern. Westlich der Stadt Pondicherry erreichten sie schließlich das Ufer eines außerhalb der Monsunzeit trockenen Flussbettes, aber das war nicht mehr trocken. Ein mächtiger Strom füllte den Lauf aus und hatte gleich die vormals etwa zweihundert Meter lange massive Betonbrücke in die Bengalsee mitgenommen.

Inzwischen hatten jedoch kluge Bewohner mit einem aus Stämmen und Geäst zusammengebastelten Floß einen Fährdienst – gegen Entrichtung einer kleinen Gebühr – aufgenommen und transportierten damit alles, was kam: Menschen, Ziegen, Büffel, Rikschas, Säcke mit Reis, Gemüse und auch das Auto einschließlich sie selbst über den Fluss. Das geschah nach überaus vorsichtiger Auffahrt auf das Tragegefährt, und der Weitertransport über den Fluss erfolgte mittels selbst hergestellter Paddel und lange Stöcke, mit deren Hilfe die Bootsleute das Floß abstießen und vorwärts drückten.

Später vernahmen die drei, dass bei einer der ersten Überfahrten mit dem Floß ein Mann zu Tode gekommen sei, der von einer Cobra gebissen worden war, die sich selbst hatte retten wollen und sich im kreuz und quer angelegten Geäst des Transportmittels verborgen hatte.

Nach stundenlanger Fahrt über überschwemmte Straßen und mit weiteren Umwegen um neu auftauchende Hindernisse erreichten sie ihre Bleibe. Während sich Felix und Radhakrishnan die Einkäufe aus der Stadt aufluden, schloss Sarah die Haustüre auf. Aber es war bereits besetzt: Nicht zu zählende hüpfende, springende und fliegende Insekten von schwarzer Farbe, etwa Heuschrecken ähnlich, hatten die Räume eingenommen und kamen ihnen gleich aus der Tür heraus entgegen, huschten unter Tische, Stühle und Schränke oder stießen sich nach Heuschreckenart ab, prallten gegen Wände und Decken, fielen herunter und starteten erneut. Die Insektenarmee hatte das Gemäuer während Sarahs und Felix' Abwesenheit zur sturmfreien Bude erklärt. Nachdem Sarah auch die zum Hof führende Tür geöffnet hatte, machten sich die Drei mit Hilfe von Besen, Tüchern und der Flitspritze ans Werk und gingen gegen alles vor, was nicht hinein gehörte.

Nachdem sie glaubten, die Luft sei wieder rein, kamen aus allen Löchern und Ritzen scharenweise Ameisen, die wohl von der Aktion vernommen hatten, und stürzten sich auf Insektenreste und kaum sichtbare Schleim- und Flüssigkeitsspuren der Hingerichteten. Erst mit Desinfektionsmitteln versetztes Putzwasser machte der Schau für einige Zeit ein Ende.

Unverhofft kommt oft

Ein gutes halbes Jahr war seit Sarahs und Felix' Ankunft ins Land gegangen, in dem sich die beiden bestens in ihrer tropischen Umgebung eingewöhnt hatten. Wie immer hatte ihn Radhakrishnan morgens vor dem Büro abgeliefert, als Felix auf dem Gang auf Pannenbäcker stieß, der seine von der hohen Luftfeuchtigkeit aufgequollene Bürotür fast aus den Angeln riss und ihn zu sich hinein winkte.

»Ich war, wie Sie wissen, gestern in Madras und soll Ihnen von unserer Vertretung ausrichten: Oma kommt!«

Felix guckte Pannenbäcker verständnislos an, kam sich irgendwie auf die Schüppe genommen vor und fragte schließlich gegen:

»Wie, Oma kommt?«

»Genaues weiß ich auch nicht, eben nur so viel, dass sich eine ältere Angehörige aus Ihrem oder dem Familienkreis Ihrer Frau auf dem Wege hierher befindet und übermorgen am Flughafen in Madras abgeholt werden möchte. Sie ist bereits in Bombay eingetroffen und hat darauf bestanden, von unserer Vertretung betreut zu werden. Sie beziehungsweise Ihre Frau wissen nichts von dem anstehenden Besuch?«, fragte Pannenbäcker.

»Absolut nichts«, entgegnete Felix.

»Na, dann viel Spaß«, schloss Pannenbäcker.

»Es kann sich doch nur um deine Großmutter handeln«, stellte Sarah in der Mittagspause fest. Meine Großmutter würde sich eine solche Reise auf keinen Fall zutrauen. Auf jeden Fall wissen wir übermorgen mehr.»

»Wir könnten uns bereits morgen am Spätnachmittag auf den Weg nach Madras machen«, entgegnete Felix.

Am Nachmittag des übernächsten Tages senkte sich die Maschine der Indian Airlines auf den Flughafen nieder. Felix und Sarah war der Durchgang entlang der Gepäckbänder bis vor den offenen Gebäudebereich gestattet worden, so dass sie die Einparkmanöver der Maschine unmittelbar mitverfolgen konnten, an die nach dem Stillstand die Ausstiegstreppe herangerollt wurde. Es waren ausschließlich Inder und Inderinnen, die den Türrahmen durchschritten und den Weg in Richtung Gepäckband nahmen.

Und dann doch: Eine ältere Dame europäischen Zuschnitts erschien, unterbrach den Ausstiegsverkehr oben auf der Ausstiegsplattform der Abstiegstreppe, indem sie eine Tasche auf dem Podest absetzte, diese öffnete und einen Schirm entnahm, den sie gemächlich aufspannte. Spätestens hier hätte sich wegen des komplett ins Stocken geratenen Verkehrs halb Europa aufgeregt, während die Inder freundlich gelassen die Unterbrechung hinnahmen und allenfalls ein wenig belustigt dreinsahen. Mit dem gespannten Schirm schwebte sie ähnlich Mary Poppins die Stufen hinab und steuerte auf die immer noch leicht geschockt Wartenden zu, so, als hätte sie nichts anderes erwartet.

Wie Sarah angenommen hatte, handelte es sich um Felix' Großmutter, die die beiden voll in Augenschein nahm, sie nach kurzer kritischer Musterung umarmte und lediglich von sich gab:

»Wollte mal nach dem Rechten sehen. Übrigens, da kommt noch ein Koffer.«

»Ja, sag mal, wo kommst du denn her? Eher als eine Anreise deinerseits hätte ich mit einem Weltuntergang gerechnet. Wer hat dich denn hierher geschickt?« fragten abwechselnd Felix und Sarah.

»Mich hat niemand geschickt; ich lasse mich grundsätzlich nicht schicken«, gab sie zurück. »Ich kenne hinlänglich meine Verantwortung für die Familie, mal ganz abgesehen davon, dass Ihr in Eurer jugendlichen Sturm- und Drangperiode leicht Fehlern unterworfen seid und für ein wachsames Auge dankbar sein solltet.«

»Den Schirm kannst du wieder zumachen, wofür hast du ihn überhaupt aufgespannt?« wollte Sarah wissen.

»Ich war mir nicht sicher, ob es regnet oder die Sonne zu sehr brennt«, entgegnete sie, »man kann nicht vorsichtig genug sein.«

Nach Entgegennahme ihres Gepäcks bewegten sie sich auf den Wagen zu, und Sarah sagte zu Großmutter Hiltrud:

»Wir haben beschlossen, noch eine Nacht hier in Madras im Hotel zu bleiben und morgen, gleich in der Frühe, die Rückfahrt anzutreten. Ist dir doch recht? Wir wollten dir die noch vor uns liegende Autofahrt von etwa drei Stunden heute ersparen. Morgen bist du sicher ausgeruhter.«

»Ist schon recht«, entgegnete Oma, »wieso hat der Fahrer ein Bettlaken umgebunden«, wollte sie weiter wissen.

»Das ist kein Bettlaken, sondern ein in der männlichen Bevölkerung gebräuchlicher Dhoti, ein Wickelrock. Hosen und Hemden sind wie bei uns in Europa gleichermaßen in Betrieb. Sieh dich nur mal um!«

Unter Beantwortung eines Dutzend weiterer Fragen und Äußerungen der Verwunderung seitens Oma erreichte das Reisegrüppchen schließlich das Hotel und belegte die reservierten klimatisierten Zimmer. Eine Stunde wollten sie sich verabredungsgemäß ausruhen, um sich anschließend zwecks Besichtigung in das Zentrum der Stadt zu begeben und zu Abend zu essen.

Treffpunkt war die Lobby des Hotels, in der sich auch Radhakrishnan eingefunden hatte. Oma trug einen leichten Sommermantel und über dem Arm eine wollene Strickjacke.

»Kannst du beides weglassen«, richtete Felix das Wort an sie. »Komm mal kurz vor die Tür, du wirst dich wundern. Am besten du legst die Sachen zurück ins Zimmer oder packst sie meinetwegen auf den Rücksitz des Wagens.»

»Später wird es kühler«, beharrte Oma, »ich kenn das doch vom Ruhrgebiet.«

»Gut«, sagte Felix, »dein Wille geschehe. Melde dich nur rechtzeitig, wenn du zur Intensivstation gefahren werden willst.«

Das Abendessen im Restaurant verlief in lebhafter wie auch noch immer erstaunter Atmosphäre. Natürlich wunderte sich Hiltrud über das Angebot auf der Speisekarte, kam aber mit einem harmlosen Gericht, das Sarah und Felix für sie ausgesucht hatte, gut über die Runden.

Als sie jedoch zunächst darauf bestand, unbedingt von dem Rohkostsalat essen zu wollen, erntete sie entschiedene Hinweise der beiden darauf, möglicherweise nicht mehr von der Toilette wegzukommen, geschweige denn, sich eventuell eine ausgewachsene Bazillen-, schlimmer noch Amöbenruhr, zuzuziehen. Schließlich deponierte Felix sicherheitshalber den Salatteller außerhalb von Omas Reichweite ans Ende der Tischplatte.

Die Rückfahrt nach Borampur verlief problemlos, denn Oma war in sich gekehrt in ihren Betrachtungen, was da draußen so an ihr vorüber glitt, und stellte keine Fragen. Vor dem Haus angekommen, öffnete ihr Radhakrishnan höflich die Wagentüre, nahm ihr gleich die Handtasche ab und geleitete sie wie eine Palastwache zur Eingangstüre.

Die im Vorgarten auf den Rasenflächen rechts und links gackernden und sich gegenseitig jagenden großen Eidechsen streifte sie mit schnellen Blicken, wobei sich ihre Pupillen deutlich weiteten. Im Wohnzimmer angekommen, wurde sie schlagartig hellwach, als sie bei der Entdeckung des ersten Geckos an der Wohnzimmerdecke die Hand vor den Mund nahm. Als sich dann noch ein zweiter Gecko hinzugesellte, schoss sie aus der Eingangstüre zurück ins Freie auf die Terrasse:

»Wo bin ich denn gelandet, wohnt ihr in einem Tierheim, hier soll ich übernachten? Auf gar keinen Fall. Kommt, wo befindet sich ein annehmbares Hotel.«

Erst nach einigem Hin und Her gelang es, sie zu beruhigen, und sie von der Harmlosigkeit wie Nützlichkeit der Geckos zu überzeugen, die sie in einem Hotel ebenso antreffen würde.

»Und wenn so ein Viech von der Decke fällt und im

Suppenteller landet?« wollte sie weiter wissen.

»Dann«, so Felix, »fisch ich den Vogel mit dem Löffel wieder heraus und esse weiter.«

Jeram betrachtete sie zunächst kritisch, dann aber, nachdem dieser ihr verschiedentlich behilflich gewesen war und den Kaffee eingegossen hatte, taute sie langsam auf und brachte sogar ein leichtes Lächeln zustande. Sie verbrachte trotz der Geckos an der Decke eine erste ruhige Nacht, begab sich mit Sarah am folgenden Morgen zum kleinen Einkaufszentrum der Stadt, um ein paar Einkäufe zu tätigen, lief vor Scham rot an, als sie Sarah, um die Preise handelnd, erlebte, und machte die erste Bekanntschaft mit einer Nachbarin, die die beiden gleich zum Nachmittagskaffee in ihren tropischen Garten einlud.

Die Bestückung des Kühlschranks irritierte sie nach jeder Neubefüllung, wenn sie auf Früchte und Konserven stieß, die sie nie zuvor gesehen hatte, über das Wischen der Zementböden unter Zusatz einer desinfizierenden Lösung konnte sie nur den Kopf schütteln, die Bekämpfung der vornehmlich in den Abendstunden auftauchenden Moskitos mit einer Flitspritze fand sie zwar sinnvoll, jedoch höchst eigenartig.

Dass die in Tütchen mitgebrachten Gemüsesamen, extra in einer kompetenten Gärtnerei in Deutschland besorgt, bei den hiesigen klimatischen Verhältnissen und der rabiaten Insektenwelt absolut keine Chance hätten aufzukeimen, heranzuwachsen und schließlich Ertrag zu bringen, brachte ihre bis dato gesammelten Lebenserfahrungen deutlich ins Wanken. Sie gönnte sich den ersten Tag als Ruhetag, dann aber legte sie los und machte sich nützlich, wo immer sie konnte. Dass ihre Meinungen und Ansichten, eben ihre ganze Lebenserfahrung mit denen Sarahs hier und da aneinanderschrammten, war kein Wunder: Für Sarah wie Felix war Indien ein aufregender Schritt zu neuen Erkenntnissen, die sie als Teil ihres Lebens verinnerlichen würden.

Für Oma ein exotischer Kosmos, der in ihre fünfundsiebzigjährige Weltsicht nicht hinein passen wollte. Sie würde das Gesehene wie aus einem Bilderbuch aufnehmen, davon erstaunt berichten, sich nie damit auseinandersetzen, geschweige denn, identifizieren können und schließlich in ein gedankliches Geheimfach ablegen.

Am ersten Wochenende überraschte sie Sarah und Felix mit einer einberufenen familieninternen Konferenz gleich nach dem Frühstück.

»Was ihr hier so esst und kocht, ist ja ganz gut und schön, aber für Europäer auf Dauer nicht geeignet, um nicht an Kraft zu verlieren und Krankheiten etwas entgegensetzen zu können. Ich habe daher einen Speiseplan für die kommende Woche aufgestellt, den ich euch hiermit zur Kenntnis bringen möchte:

Montag:
Kalbsbraten mit Salzkartoffeln und frischen Erbsen – notfalls aus der Dose
Nachtisch: Milchpudding mit Himbeersaft

Dienstag:
Schweinekotelett mit Salzkartoffeln und Bohnensalat (Schnibbelbohnen bevorzugt)
Nachtisch: Pfirsiche aus der Dose mit Sahnetupfern

Mittwoch:
Rinder-Rahm-Goulasch mit Nudeln und in Butter geschwenkten jungen Möhrchen
Nachtisch: Rote Grütze

Donnerstag:
Sauerbraten (sollte heute noch eingelegt werden) mit Salzkartoffeln und Rotkohl
Nachtisch: Schokopudding mit Sahne

Freitag:
Bismarckheringe mit Pellkartoffeln und grünem Salat
Nachtisch: Waffeleisschnitten

Samstag:
Erbsensuppe mit Eisbein und geräucherten Mett-
würstchen
Nachtisch: Gemischtes Eis mit Himbeersoße

Sonntag:
Rinderfiletbraten, Reis und junge Erbsen
Nachtisch: Karamellpudding

Keine Sorge, ich kümmere mich um die Zubereitung,
ihr müsst lediglich die Zutaten beschaffen. Was sagt
ihr jetzt?« wandte sie sich an ihre Zuhörer, »da seid ihr
wohl platt?«

In der Tat, Sarah wie Felix waren es. Sarah hielt sich
die Hand vor den Mund, Felix platzte kurz seitlich heraus, bevor er sich an Oma wandte:

»Nimm diesen Speiseplan mit nach Deutschland,
setz dich mit der Tageszeitung in Verbindung und lass
ihn unter der Überschrift: Speiseträume eines Euro-
päers in der indischen Provinz veröffentlichen – das
Nahrungsangebot, müsstest du eigentlich inzwischen
gesehen haben, es ist trotz aller Hitze und beschränk-
ter Transport- wie Lagermöglichkeiten ordentlich,
aber bescheiden, so dass du deine Kochillusionen ganz
schnell vergessen kannst. Die indische Küche ist ab-
wechslungsreich und auf die hiesigen klimatischen
Verhältnisse zugeschnitten, aber sie lebt nicht von
Eisbeinen, Rahmgoulasch und Sauerbraten und hat
garantiert noch nichts von geräucherten Mettwürst-
chen gehört. Mal ganz abgesehen davon, dass du drei
Viertel der von dir aufgelisteten Nahrungsmittel nicht
oder nur unter großen Schwierigkeiten bekommst.
Rinderbraten erhältst du in der Regel in Madras nach
einer Fahrt von rund zweihundert Kilometern, in einem von Europäern bevorzugten Kaufhaus, wobei du
nicht innerhalb eines Großangebotes wählen kannst,
sondern nehmen musst, was gerade vorhanden ist. Um
einwandfreies Schweinefleisch nach unserem Standard
zu bekommen, musst du sogar vierhundert Kilometer
weit fahren und in der Bengalsee schwimmen keine

Heringe. Ansonsten kannst du bis auf den Milchpudding und die Pfirsiche aus der Dose den ganzen Nachtisch vergessen«.

Gekränkt war Oma, das sah man ihr deutlich an:

»Versteh ich nicht, beharrte sie. Was wir während des Krieges nicht alles hervorgezaubert haben, könnt ihr euch überhaupt nicht vorstellen. Ich bin davon überzeugt, mit etwas gutem Willen wäre die Umsetzung meines Speiseplanes möglich. Offensichtlich liegt euch nicht daran. Während meines Hierseins habe ich längst festgestellt, dass ihr schon richtige Indianer geworden seid.«

»Inder, Oma, Inder, nicht Indianer«, korrigierten Sarah und Felix im Chor.

Oma kokelt

Für den vorletzten Tag ihrer fest eingeplanten Rück-reise, einem arbeitsfreien Samstag, hatten Sarah und Felix speziell für Oma einen Ausflug zum Bengalischen Meer vorgesehen und setzten sich gleich früh morgens, nachdem Radhakrishnan verabredungsgemäß erschienen war, in Bewegung.

Oma freute sich über die immer grüner werdende Landschaft, je näher sie dem Meer kamen, wobei besonders die Reisfelder ein geradezu knalliges Grün hervorzauberten, ein Grün, dem man nicht so recht trauen wollte, sich die Augen rieb und glaubte, sich geirrt zu haben oder an einem Augenfehler zu leiden. Arbeiteten dann auch noch Inderinnen in ihren ebenso farbstarken roten, blauen, grünen, gelben, goldenen oder silbernen Saris zwischen den Reispflanzen und vereinzelt als auch in Gruppen anzutreffenden Kokospalmen, tat sich ein Landschaftsbild auf, das unglaublich erschien und an Kitschigkeit nicht zu übertreffen war. Bei einer Wiedergabe durch ein getreu dem Original entsprechendes Bild hätte jeder Mensch in Europa geglaubt, der Maler hätte sich im Farbkasten vergriffen.

Sarah wie Felix ließen hier kurz vor Erreichen der Stadt Pondicherry regelmäßig anhalten, um diese unglaublichen Farben zu genießen und in sich aufzunehmen. Selbst Oma, in ihrer Haltung weit kritischer als ihre Enkelkinder, gab Laute des Entzückens von sich, kramte wie unter Zwang in ihrer Handtasche und zog ein Päckchen Zigaretten hervor.

Sie galt im Kreise ihrer Lieben als fast sündenfrei, und ihre Raucherei war das einzige ihren Nächststehenden bekannte Laster, dem sie trotz aller guten Vorsätze nicht beikommen konnte. Sie rauchte in Maßen und kam allenfalls auf eine tägliche Stückzahl von bis zu vier Zigaretten, ausgenommen Sonn- und Feiertage, dann wurden es sechs.

Nachdem sie sich satt gesehen hatten, setzten sie die Fahrt bei leicht geöffneten Wagenfenstern fort, bis Sarah sagte:

»Es riecht komisch.«

»Das kommt von draußen«, sagte Felix.

»Ich rieche nichts«, sagte die Raucherin.

»Riechst du das auch?«, fragte Felix Radhakrishnan.

»Das kommt vom Motor«, sagte Radhakrishnan.

»Das kommt nicht vom Motor«, sagte Sarah, »es müffelt angebrannt.«

»Angebrannt? Finde ich nicht«, sagte Felix, »eher muffig.«

»Muffig ist das nicht, da kokelt irgendetwas, ganz sicher«, stellte Sarah fest.

»Tatsächlich«, sagte Felix, der sich zum Rücksitz umgedreht hatte, »mein Gott, Oma qualmt. Anhalten, anhalten, sofort anhalten, Radhakrishnan, Stopp!« Und zu Oma: »Beug dich schnell vor, aus deiner rückwärtigen Kragenpartie steigt Rauch auf. Sarah, sieh dir das an, ich komme sofort.«

Radhakrishnan hatte inzwischen den Wagen zum Stehen gebracht, Felix war herausgesprungen, riss die rückwärtige Tür auf und zog die vor sich hin Kokelnde vom Rücksitz.

»Du lieber Himmel«, sagte Sarah zu Oma, »du hast ein Brandloch in der Rückseite deiner Bluse, wie ist denn das passiert?«

»Kein Wunder stellte Felix fest, auf der Wagenrückbank liegen noch die qualmenden Aschereste der Zigarette, offensichtlich vom Fahrtwind auf die Bank geweht. Da siehst du es, in der Rückenlehne ist auch ein Brandloch!«

»So kann ich auf keinen Fall weiterfahren«, sagte Oma völlig erschüttert, mit dem Loch in der Bluse kann ich mich nicht unter die Menschheit wagen.»

»Doch kannst du, das sind hierzulande nur Kleinigkeiten, auf die kein Mensch achtet. Und solltest du dich beobachtet fühlen, lege ich meinen Arm um deine Schulter und decke das Loch ab. Das Umlegen eines

Armes ist hier zwar unüblich, aber wir als Europäer fallen damit kaum auf«, entgegnete Felix.

Sie setzten schließlich ihren Ausflug fort, genossen Wind und Wellen am Strand und kehrten am Spätnachmittag zu ihrem Wohnort zurück, wobei die Rückreisende mit Unterstützung durch Sarah noch einige Kleinigkeiten erledigte.

Ohne Brandschaden kam Oma am Folgetag am Flughafen von Madras an. Sie hatte nicht eine einzige Zigarette geraucht, bedankte sich überschwänglich für den Aufenthalt bei Sarah und Felix, sprach die Hoffnung aus, ihnen nicht zu sehr auf die Nerven gegangen zu sein, und nahm ihre Erlebnisse und Erfahrungen zur Berichterstattung für die Daheimgebliebenen mit.

Sechsundneunzig Millionen

Entsprechend den vertraglichen Bedingungen zwischen Kunden und Konsorten wurden die über die Vertragslaufzeit fälligen Zahlungen, gemessen am Baufortschritt, geleistet. Das geschah durch kaum zu zählende gemeinsame Begehungen von Ingenieuren beider Seiten in jedem Abschnitt, bei jedem Gewerk, auf jeder Etage, jedem Fundament. Jede Rinne, jeder Kabelkanal und jeder Lüftungsschacht wurde in Augenschein genommen, wobei grundsätzlich und die Vertreter der Konsorten mehr sahen als tatsächlich erbracht, die Beauftragten des Kunden weniger feststellten als tatsächlich erstellt, heiß diskutiert und schließlich alles teils zähneknirschend protokolliert wurde.

Nicht normal bei diesem internationalen Projekt war die Form und Art der Zahlung, nämlich per Scheck, der vor allem dazu noch von einem Beauftragten des Konsortiums per Flugzeug nach Amerika hinüber geschafft werden musste. Warum das so war, wusste niemand. Natürlich wurde darüber spekuliert, interessierte aber letztendlich nur mäßig, denn davon wurde das persönliche Portemonnaie auch nicht dicker.

Felix war mitten in das laufende Projekt eingestiegen, wobei schon zuvor eine Reihe von Zahlungsanweisungen übermittelt worden waren.

Man hätte annehmen können, dass sich viele Mitarbeiter für eine Tour von Indien in die USA gemeldet hätten. Dem war absolut nicht so; vielleicht schreckte der lange Flug ab, und es war ganz sicher auch nicht jedermanns Sache – egal aus welchem Grunde, sich für eine solche Aufgabe zur Verfügung zu stellen.

Felix hatte kaum davon gehört, als er auch schon »Hier!« schrie. Dazu musste er seinen Pass über die indische Vertretung in Bombay zwecks Einholung eines Visums schon einige Wochen vor dem anvisierten ungefähren Flug einreichen und sich mit einer gepackten Tasche jederzeit abrufbereit halten. Zudem wurden von der Vertretung zwei oder sogar drei Flugreservierungen im Voraus für mehrere Strecken eingeholt.

Der Grund für diese Maßnahmen war absolut einzusehen, denn jeder Scheck lautete mit Sicherheit über einen zweistelligen Millionenbetrag. In der Vergangenheit waren das Beträge im kleinsten Falle um die zwanzig und im größten rund fünfzig Millionen Dollar gewesen. Da war jeder verspätete Tag der Gutschrift bei der amerikanischen Bank ein teures Vergnügen.

Der Anruf über das Kundentelefon kam früh morgens aus Bombay. Bitte sofort auf den Weg nach Madras machen, ein Mitarbeiter erwarte ihn am Flughafen mit dem Ticket in der Tasche. Er könne in ca. drei Stunden in die nach Bombay bestimmte Maschine einsteigen. In Bombay erwarte ihn ein weiterer Vertreter der dortigen Niederlassung unmittelbar am Ausgang mit dem Scheck und dem Ticket nach Dhahran in Saudi Arabien mit Umstieg am späten Abend in den Panamerican Non-Stop-Flug nach New York. Dhahran war sicherheitshalber gewählt worden, da von dort täglich Direktflüge in die USA starteten.

Felix rotierte, verabschiedete sich auf der Baustelle, wobei ihn Pannenbäcker anschmunzelte und sagte:

»Man hat Sie nicht umsonst für die Beförderung des Papierchens ausgewählt. Es ist rundum bekannt, dass die Leute aus dem Ruhrgebiet es besonders dick hinter den Ohren haben.«

Nach dem schnellen Abschied von Sarah, sauste er mit Radhakrishnan los, der dabei sein ganzes fahrerisches Können an den Tag legte, ohne dass auf der Strecke nach Madras und in den zu durchfahrenden Dörfern auch nur ein Huhn zu Tode kam.

Die Fahrt nach Bombay lief wie geplant und Felix bekam den Scheck von einem der Mitarbeiter der Vertretung überreicht. Er nahm den eingetragenen Betrag zur Kenntnis und sagte nur:

»Donnerkeil noch mal!«

Niemand hatte ihm zuvor die Summe genannt und auch keine Verhaltensregeln mit auf den Weg gegeben.

Es hieß lediglich, er solle mit seinem Auftrag kein Aufsehen erregen, auch wenn alles völlig legal sei, und unauffällig wie ein Tourist die Pass- und Zollkontrollen in den USA passieren.

Nachdem sich sein Mitstreiter in Bombay von ihm verabschiedet hatte, saß er in der Wartehalle bis zum Aufruf des Fluges. Ihm war natürlich sofort klar, dass er diesen Scheck nicht so einfach in die Brieftasche oder Portemonnaie stecken konnte.

Die Gefahr, dass ihm der, wie auch immer, abhandenkam, war durchaus gegeben – eventuell durch einen geschickten Taschendieb, der zwar nichts mit dem eingetragenen Betrag anfangen konnte, jedoch in seiner Schnellaktion nach allem grabschte, was ihm unter die Finger kam.

Das mitgeführte Handgepäck entfiel als Versteck auf jeden Fall, mit Pflaster am Körper zu kleben ebenso wie unter die Innenschuhsohle legen oder im Jacken– wie Hosenfutter zu verstecken. Das waren alles Auffindungsorte, die die Kriminellen wie die Beamten im Immigrationsbereich bereits im ersten Semester ihrer Ausbildung als mögliche Verstecke genannt bekommen hatten. Wohin also damit?

Er zerbrach sich den Kopf, schloss die Augen und versenkte sich in sich selbst. Und dann hatte er eine Eingebung, schlicht und einfach, entsprechend seiner immer wieder angewandten Verfahrensweise, eben S.K.E., indem er den Casus knacksus sichtbar unsichtbar machte.

Er erhob sich und wandte sich den Toiletten zu. Dort entnahm er seiner Jackeninnentasche das ihm anvertraute Schwergewicht, überflog die Summe noch einmal mit Blicken und las mit leiser Stimme:

»Sechsundneunzig Millionen Dollar«, ausgestellt als Verrechnungs- wie Namensscheck auf das Konsortium. Das war bei dem derzeitigen Kurs rund eine Viertelmilliarde D-Mark.

Felix faltete das Papier mit einem scharfen Knick in der Mitte und versenkte ihn in die linke Brusttasche seines Oberhemdes – ohne Knopf. Die Zahlungsanweisung war sichtbar unsichtbar geworden. Unsichtbar wie ein abgefahrener Straßenbahnfahrschein, vielleicht für die Strecke Mülheim-Ruhr-Speldorf mit Umsteigen in Oberhausen-Sterkrade nach Duisburg-Hamborn-Neumühl, dem man keine Beachtung mehr geschenkt und den man zu entsorgen vergessen hatte.

Nur ein total Verrückter würde diese Art des Verbergens und Transportierens wählen. Und genau darum entschied er sich dafür.

Für den Fall, dass er bestohlen oder ausgeraubt werden würde bis hin zu den Schuhen, war mit Sicherheit davon auszugehen, dass ein mit einer Pistole bewaffneter Räuber nicht mit der Aufforderung an ihn herantreten würde:

»Gestatten, Giovanni Verducci aus Corleone. Ich bin Mitglied der Mafia und vermute, dass Sie ein Wertpapier in Höhe von Sechsundneunzig Millionen Dollar in der linken Brusttasche Ihres Oberhemdes tragen. Erlauben Sie, dass ich mich bediene.«

Hundertprozentige Sicherheit gab es auf dem ganzen Erdball nicht. Möglicherweise verschüttete eine Stewardess den Kaffee, Felix würde ihr, sich vorbeugend, beim Einfangen des wegrollenden Pappbechers wegen der Kurvenschräglage der Maschine zur Hilfe eilen und dabei den Inhalt seines »Verstecks« aus der Hemdtasche flattern lassen. Denkbar, dass die Stewardess unverzüglich zum Flugkapitän eilen und mitteilen würde: »Kapitän Smith, in der mittleren Touristenreihe sitzt ein gefährlich aussehender Irrer, dem eben aus der Hemdtasche ein Scheck über sechsundneunzig Millionen Dollar geflattert ist. Lass den Pott mal auf tausend Meter absacken und entlade diesen Fluggast über einem unbewohnten Eiland im Atlantik, vergiss nicht, ihm anstandshalber einen Fallschirm umzuhängen.«

Denkbar war natürlich auch, dass missliche Umstände Felix bei den Immigrationsbehörden am Flughafen in New York auffliegen lassen würden, obgleich sehr unwahrscheinlich. Dann war damit zu rechnen, dass man ihn ohne Anhörung und Verhandlung für zunächst mal einen Monat einbuchten und je einen Vertreter des FBI und des CIA auf eine heiße Spur nach Indien schicken würde, um an Ort und Stelle in die inneren Strukturen des Geschehens einzudringen und zu untersuchen, ob hier ein Fall von Geldwäsche für unter der Hand verscherbeltes Marihuana oder Kokain vorlag, die Beute aus einem Banküberfall oder die Veruntreuung aus der indischen Staatskasse.

Möglicherweise würde sich auch jemand melden und behaupten, ihm wären auf dem Weg zum Tempel als Spende vorgesehene sechsundneunzig Millionen aus dem Dhoti gefallen, sollte die jemand finden, gäbe es auch Finderlohn.

Natürlich machte sich Felix so seine Gedanken, was er mit dem Geld anfangen würde, sollte es in seine Hände fallen. Vierundneunzig Millionen würde er weltweit ausschließlich in harten Währungen anlegen, auf jeden Fall aber einen Klumpen Gold, den Onkel Hugo in Verwahrung nehmen könnte. Einen Notgroschen für den Fall des Gesamtverlustes unter einer Palme auf einer unbewohnten, nur mit einem außerplanmäßigen Schiff erreichbaren Südseeinsel, verrottungssicher verpackt in einer zusätzlich geteerten Kunststoffhülle. Vergraben, der Sturmfluten wegen, weit genug vom Strand entfernt. Eine Million unter Berücksichtigung der Gewichtsersparnis in zehn Einhunderttausend-Scheinen, ständig verfügbar rundum am Körper verteilt, wobei er sich bewusst war, auf Schwierigkeiten zu stoßen, wenn er in einem Vorort von Manaus am Amazonas gegen zehn Uhr morgens einen Pappbecher mit Kaffee und zwei Bananen in einer Bretterbude bezahlen wollte. Sicher hätte der Verkäufer um diese Uhrzeit noch nicht genug Wechselgeld eingenommen, um herausgeben zu können.

Die Maschine startete in die einbrechende Dunkelheit gegen Westen, es wurde für kurze Zeit in der Stratosphäre noch heller, aber dann wurden sie von der nacheilenden Zeit eingeholt, und es wurde rasch dunkel.

Felix nahm nach dem Abendessen noch einen Whisky Cola, nicht ohne an Onkel Hugo aus Castrop-Rauxel, einen Kenner edler schottischer Whiskys, zu denken, wie der ihn missbilligend ob solcher Panscherei ansehen würde, und versank mit seinem Wertpapier in der Brusttasche – immer noch ohne Knopf – in einen schnellen Schlaf.

Geweckt wurde er irgendwo auf der Strecke über dem Hedschas und entlang der nordafrikanischen Küste, als sich die Maschine aufbäumte und wieder absackte, mal über die eine, dann über die andere Tragfläche spürbar abkippte, und Felix den Eindruck hatte, das röhrenartige Gehäuse, in dem sie saßen, würde sich, von hinten nach vorne betrachtet, gegenläufig verdrehen. Unglaublich, wie dieses hunderte Tonnen schwere Ding zum Spielball der durcheinanderwirbelnden Luftmassen wurde und wie ein angeschlagener Boxer durch den Ring taumelte. Mal hatte er den Eindruck, die Maschine wäre gegen eine undurchdringliche Luftmasse geprallt, mal das Gefühl, es ginge steil nach unten, und sie wären bereits dicht über der Landmasse Afrikas oder der Wasseroberfläche des Mittelmeeres.

Felix überkamen Zweifel, ob er je mit seinem Scheck sein Bestimmungsziel erreichen würde. Die Stewardessen hatten längst ihren Dienst eingestellt und sich angeschnallt, es klapperte und schepperte allerorten. Die Turbulenzen waren außergewöhnlich heftig, und das dauerte so an die anderthalb Stunden. Dann aber ging es unerwartet plötzlich für den großen Rest der Strecke so ruhig weiter, als sei die Maschine mit der Stratosphäre wie eine Leberwurst in der Pelle als Einheit verschweißt.

Sie landeten in New York. Ohne jegliche Komplikationen passierte Felix alle offiziellen wie inoffiziellen Kontrollen und wurde nicht einmal gefragt, ob er unerlaubterweise Lebensmittel zur Einfuhr bei sich führe. Er ging schnurstracks auf das nächste Taxi zu und gab als Fahrziel die vorgegebene Großbank in der Wall Street an.

Dort, unmittelbar vor dem Bankeingang angekommen, entlohnte er den Fahrer und begab sich in die Empfangshalle der Bank. Er nannte dem Aufsichtführenden den Namen einer Dame, die nach wenigen Minuten erschien und auf ihn zutrat. Felix stellte sich vor und ergänzte zum Abgleich Herkunft und Zweck seines Besuches. Selbstverständlich war die Dame längst informiert. Sie bat ihn, ihr zu folgen, und sie betraten ein dunkel getäfeltes, elegant eingerichtetes Büro.

»Kaffee, Tee oder vielleicht etwas Kühles?« fragte sie.

»Einen Kaffee, bitte!«, sagte Felix.

Die Dame verschwand kurz, erschien wieder und setzte sich ihm gegenüber. Felix öffnete die Jacke, schob die linke Seite etwas zurück und fasste mit Daumen und Zeigefinger in die Brusttasche des Hemdes, entnahm den Scheck und präsentierte ihn nach Auffaltung und einen Glattstrich. Die Dame sah erst auf das Papier, dann auf die Hemdtasche, dann in sein Gesicht und dann wieder auf den Scheck. Irgendwie schien sie leicht verwirrt, erhob sich und sagte:

»Einen Augenblick, bitte.« Es dauerte eine Weile, sie kam zurück und sagte: »Alles in Ordnung, die Quittung wird ausgestellt.«

»Aus welcher Stadt in Deutschland kommen Sie«, wollte sie wissen.

»Ich komme aus Essen, einem Hauptknotenpunkt im Zentrum von Deutschlands bedeutendstem Industriegebiet«, klärte Felix sie auf.

»Essen? Nie gehört«, sagte sie.

Das läge so in der Gegend von Bochum, Mülheim, Bottrop, Oberhausen, versuchte Felix, ihr näher zu bringen.

»Verzeihung, gleichfalls unbekannt«, entgegnete sie.

»Vielleicht Dortmund?« bemühte sich Felix. Da käme eine Menge Kohle, Stahl und Bier her, erklärte er weiter.

Sie überlegte. »Oh ja«, ihr Gesicht leuchtete auf, »in Dortmund ist doch immer das Novemberfest. Da laufen doch die Leute in so eigenartiger Kleidung und urkomischen Hüten durch die Straßen.«

»Nein«, sagte Felix, »das ist das Oktoberfest in München, welches bereits im September gefeiert wird.«

Ob es denn in Essen so ähnlich aussehe wie in New York, gab sie sich interessiert.

»Nein«, antwortete Felix, könne man keineswegs sagen, »bei weitem nicht so groß wie New York, etwas uriger und sehr staubig. Weit niedriger die Häuser und erheblich schmaler die Straßen. Nicht so viele Krawatten wie hier, da ist eher der Blaumann in Mode. Auch haben wir etwas, was New York nicht hat: einen Gasometer, allerdings in der Nachbarstadt Oberhausen, von immerhin fast 120 Metern Höhe, sicher, bei weitem nicht so hoch wie das Empire State Building, aber immerhin, und dazu noch jede Menge Abraumhalden und Schlackenberge, verteilt über die ganze Industriezone. Die sollten Sie sich in der Dunkelheit aus ein paar Kilometern Entfernung mal ansehen, wenn Sie zufällig vorbeikommen. Der Himmel, von einer Sekunde auf die andere aus schwärzester Dunkelheit aufleuchtend, wie die Nordlichter am Polarkreis, aber grellrot, nicht gelb-grün-blau.«

»Wie war der Flug von Deutschland nach hier«, fragte sie.

»Ich komme aus Indien«, sagte Felix.

»Aus Indien? Nicht aus Deutschland?«, wollte sie erstaunt wissen.

»Ich arbeite in Indien«, entgegnete Felix .

Ja, dann wünsche ich Ihnen einen guten Rückflug nach Indien«, lächelte sie ihn an, nachdem die Quittung hereingereicht worden war.

»Nicht nach Indien, ich fliege nach Deutschland«, klärte Felix sie auf.

»Nach Deutschland, nicht nach Indien«, hob sie die Augenbrauen.

»Nach Deutschland und nach Indien«, informierte sie Felix.

»Ach so«, sagte sie irgendwie ratlos.

Felix erhob sich, bedankte sich für den Kaffee, sie noch einmal für das »Mitbringsel«. Sie gaben sich die Hand, und Felix schritt auf die Ausgangstüre zu. Beim

Griff zur Klinke drehte er sich noch einmal um. Ihre Augen trafen sich, und Felix wusste, dass sie ihm nachgeschaut hatte. Etwas verwirrt nachdenklich Eigenartiges lag in ihrem Blick, so, als hätte sie ein Erlebnis der dritten Art gehabt, irgendwie zwischen Traum und Wirklichkeit.

Ob morgen noch einmal jemand die Bank betreten würde, der einen Scheck über sechsundneunzig Millionen Dollar aus der linken Oberhemdtasche mit spitzen Fingern zaubern würde, war heute noch nicht abzusehen und auch nicht, ob der Betreffende aus Indien, aus Deutschland oder direkt vom Novemberfest in Dortmund kommen würde.

Zwei freie Tage wurden seitens des Konsortiums den Überbringern in New York zugestanden, die Felix trotz aller Müdigkeit sofort in Angriff nahm. Er durchstreifte zunächst das Finanzzentrum und begab sich dann von einem Höhepunkt dieser eindrucksvollen Stadt zum anderen: Metropolitan Opera, China Town, 5th Avenue, Broadway, Chrysler Building, Central Park und Central Station; natürlich erklomm er die Aussichtplattform des Empire State Buildings und eine Reihe anderer Wolkenkratzer mit zum Teil bis an den Boden verglasten Aussichtsbereichen, so dass der Eindruck entstand, man könne sich in ein paar hundert Metern Höhe mit dem nächsten Schritt ins Freie begeben. Diese gewaltige Stadt, die ihresgleichen suchte, hatte unzweifelhaft große Ausstrahlung und Charakter, aber auch schon Patina angesetzt, wenn man sie von oben betrachtete wie von unten durchstreifte. Das war die Neue Welt, aber nicht mehr die ganz neue.

Es gab kaum Zeit, sich irgendwo großartig niederzulassen, dafür war ganz einfach der Aufenthalt viel zu schade. Essbares nahm er irgendwo und irgendwie zu sich, ohne überhaupt daran zu denken, sich zu setzen. Am späten Abend dann fiel er im sechsunddreißigsten Stockwerk seines Hotels todmüde ins Bett und schlief augenblicklich ein. Das hielt ihn in keiner Weise ab, den zweiten freien Tag wie den ersten zu verbringen.

Am Abend des dritten Tages startete er: Nicht nach Indien, nicht nach Deutschland, sondern in die Niederlande.

Der nicht eingeplante Erwerb eines älteren afghanischen Teppichs, den er nicht unbedingt dem deutschen Zoll vorführen wollte, obgleich das eine übervorsichtige Maßnahme war, hatte ihn veranlasst, in letzter Sekunde umzubuchen und Amsterdam anzusteuern, um dann mit einem Bummelzug durch die Lande zu streifen und seine Heimat sozusagen von hinten aufzurollen. Den möglicherweise für den eingeführten Teppich zu entrichtenden Zoll hatte er gespart, dafür jedoch einen in Amsterdam während der Wartezeit neu erworbenen Schirm im Gepäcknetz vergessen.

Mutter öffnete die Eingangstüre, ließ die Schultern hängen und fasste sich mit der Hand an den Mund. Er umarmte sie und legte den Teppich wie ein Hausierer ab. Er wolle mal nach dem Rechten sehen, erklärte er ihr. Am Folgetag wäre er wieder weg. Sarah? Klar ginge es der wie ihm selbst gut. Ob sie bei dem vermutlich geringen Nahrungsmittelangebot in Indien nicht hungern müsse. Nein, nein im Gegenteil, sie hätten beide leicht zugenommen. Mangel an Vitaminen? Aber nicht doch: Sarah würde jedes einzelne Spurenelement in Augenschein nehmen und auch stets darauf achten, dass die regelmäßige Zufuhr von Jod gewährleistet sei. Er selbst mache sich schon jetzt Gedanken darüber, wie er sich in den Lebensjahrzehnten nach Erreichen der Hundert beschäftigen könne.

»Was soll ich dir denn zur Abwechslung mal kochen?«, fragte Mutter.

»Grünkohl mit Mettwurst«, brach es förmlich aus Felix heraus: »Auch wenn die Jahreszeit dafür nicht die richtige ist, irgendwo lässt sich sicher Grünkohl auftreiben. Alternativ wäre ich auch für eine anständige Erbsensuppe dankbar, verfeinert mit Brüh- und Mettwurst und einem dicken Eisbein.«

Und tatsächlich, Mutter brachte alles zustande: Noch am Tage der Ankunft, gleich abends, dampfte

Grünkohl auf dem Herd, und am Folgetag verabreich-
te Mutter eine Erbsensuppe.

»Ich kann nur sagen«, wobei sich Felix den Mund
abwischte, »dafür hat sich der kleine Umweg von New
York via Deutschland gelohnt. Ich danke dir.«

Und dann sagte Felix noch bei seinem Abschied am
Nachmittag des gleichen Tages und vor seiner Fahrt
zum Flughafen:

»Ungefähr noch ein schlappes, kleines Jährchen und
wir sehen uns wieder. Also dann: Bis die Tage!« und
war auch schon wieder unterwegs.

Am Flughafen in Madras feilschte er um ein Taxi für
die letzten zweihundert Kilometer zur Baustelle. Ein
älterer Sikh mit einem mächtigen Turban verstaute seine Tasche im Kofferraum, er selbst nahm sicherheitshalber in der Mitte des Rücksitzes Platz. Altersschwach
und irgendwie zusammengeflickt waren alle Taxen, bei
diesem jedenfalls, wie sich herausstellte, musste er keine Sorge haben, dass der Benzintank leck war. Lediglich die Karosserie wies eine Undichtigkeit auf: Wenn
er während der Fahrt nach unten schaute, blickte er in
ein großes Loch im Boden, durch das man wahrnahm,
wie die Straße während der Fahrt unter einem weg-
flitzte.

Sarah, die nur ungefähr wusste, wann er zurück-
erwartet werden konnte, traf Felix im Garten bei der
Pflege der Mittagsblumen an. Sie fielen sich in die
Arme, und Sarah sagte:

»Gott sei Dank, dass du zurück bist. Ich habe mir
unaufhörlich Sorgen gemacht. Irgendwo soll in der
Zeit deiner Abwesenheit ein Flugzeug abgestürzt sein.
Genaues war hier nicht zu erfahren, und den deutschen
Zeitungen, die durchweg mit einer Woche Verspätung
hier ankommen, war nichts zu entnehmen. Komm herein, trink erst einmal etwas, bevor du berichtest. Ist
alles glatt gegangen?«

»Bevor ich anfange«, sagte Felix, »berichte du erst
mal. Allererste Frage: Wie geht es dir? Bist du mit allem
gut zurechtgekommen?«

»Besonderes hat es in der Zeit deiner Abwesenheit nicht gegeben«, sagte Sarah. »Ach ja, beim Öffnen des Toilettendeckels hat mir eine wohl an die fünfzig Zentimeter große Eidechse hilflos entgegengeblickt. Völlig unerklärlich, wie die da hineingekommen ist. Ich habe mich furchtbar erschrocken und bin entsetzt zurückgewichen. Jeram hat sie herausgeholt und in die Freiheit entlassen. Schließlich hat es im Schlafzimmer erst eigenartig, dann penetrant aus der Klima-Anlage gerochen. Auch hier ist Jeram eingeschritten, hat die Verkleidung entfernt und einen in Verwesung begriffenen Gecko entdeckt. Bei Desinfizierungen im Zusammenhang mit der Vernichtung eingedrungener Malariamücken bin ich immer wieder auf handtellergroße Kakerlaken im Bad gestoßen, an die ich mich noch immer nicht gewöhnt habe und auch nicht an die unvermindert eindringenden Ameisen. Herbener und Köhler von nebenan haben zwei Rattons, in der Größenordnung so zwischen Ratte und Maus angesiedelt, im Wohnzimmer erschlagen, und im Club des Konsortiums haben die Feiernden eine Cobra im Sicherungskasten entdeckt. Das war es aber auch schon, jedenfalls was diesen Themenbereich angeht. Ich war zweimal zum Nachmittagskaffee bei Wladarz und Krause eingeladen und habe meine üblichen Kleineinkäufe gemacht. Durchgehend heiß war es während der ganzen Zeit, immer blauer Himmel, nicht eine einzige Wolke. Der regelmäßig bettelnd vor dem Tor erscheinende alte Leprakranke wollte kein Paket Reis annehmen – er hatte stur auf Bargeld bestanden.«

Die wichtigste aller Mitteilungen habe sie sich aber bis zuletzt aufgespart, gab Sarah äußerst angespannt von sich, wobei Felix schon bei der vorangegangenen Schilderung der Ereignisse aufgefallen war, dass Sarah irgendwie fiebrig aus den Augen glänzte.

»Stell dir vor, wir bekommen Nachwuchs!«, stieß sie förmlich hervor. »Ich war während deiner Abwesenheit bei einer Ärztin im hiesigen Krankenhaus, die mir endgültig Gewissheit verschafft hat.«

Und Felix sah sie an und staunte. Hatte der Arzt am Tropeninstitut in Düsseldorf nicht vor der Abreise gesagt, auf keinen Fall Kinder in Indien zu bekommen? Aber das interessierte jetzt nicht, wenn überhaupt. Die Freude über den erwarteten Nachwuchs war zu groß, und es blieb noch ausreichend Zeit, sich Gedanken über das Geschehen und die Abläufe zu machen und nach bestmöglichen Lösungen zu suchen.

Donner, Blitz und Wolkenbruch

Die alles beherrschende Frage war, wo und wie das Kind zur Welt kommen sollte. In Borampur gab es zwar ein neues Krankenhaus, neu aber nur in Bezug auf den Entstehungszeitpunkt. Aber: Es fehlte an modernen Geräten, die Krankenzimmer, spärlich eingerichtet, mit meist offen stehenden Türen und davor auf den ebenfalls nach außen hin offenen Gängen und Fluren ganze Familienclans mit Kleinkindern lagernd.

Die dortigen Ärzte, vor allem auch die in der Anfangsphase Sarah betreuende Ärztin, überaus hilfsbereit und bis zum Äußersten bemüht, wurde von Sarah und Felix nach Erstuntersuchungen und Beratungen als absolut fachkundig angesehen. Die Ausstattung der Einrichtungen und die äußeren Umstände waren es, die die beiden veranlassten, sich rundum zu erkundigen und auf keinen Fall ein Risiko einzugehen.

Als nächstes Untersuchungsziel steuerten sie in einer rund zweihundert Kilometer langen Fahrt quer durch eine Dornensteppe im North Arcot District einen deutschen Arzt an, von dem sie, in Sachen Geburtshilfe als kompetent angesehen, gehört hatten.

Der Arzt, ein freundlicher älterer Herr, nahm die notwendigen Untersuchungen im Behandlungsraum vor und ließ Felix und Sarah wissen, alles sei in Ordnung. Was die Geburt selbst anginge, sei er in Anbetracht seines Alters und fehlender Unterkunftsmöglichkeiten in seiner Praxis jedoch auf Entbindungen generell nicht mehr eingerichtet und träte nur in Notfällen in Erscheinung. Sarah und Felix bedankten sich und traten wieder die Heimreise an.

Natürlich wurde auch in Erwägung gezogen, Sarah Monate vor der Entbindung rechtzeitig nach Deutschland ausfliegen zu lassen, zunächst jedoch wollten sie ihre Erkundungen in Indien fortsetzen. Wie auch immer, sie wurden auf Ordensschwestern aus dem Elsass in Pondicherry aufmerksam gemacht, die sich zu Zeiten französischer Kolonialherrschaft dort niedergelassen hatten.

Bis dorthin waren lediglich achtzig Kilometer durch die Reis- und Palmenlandschaften zu überwinden, die ein derartiges Knallgrün ausstrahlten, dass man seinen Augen nicht trauen wollte. In den Feldern, wie hingetupft, in strahlend bunten Sahris gekleidete Inderinnen, die ihrer mühseligen Arbeit nachgingen und dennoch Heiterkeit wie Freundlichkeit ausstrahlten.

Die Niederlassung der Schwestern, verteilt auf zwei Gebäude, Wohntrakt der Schwestern und Helferinnen und das zweigeschossige Hospital mit Entbindungsraum und Unterbringungsmöglichkeiten, lag unmittelbar am Golf von Bengalen, von dem sie lediglich durch ein kaum frequentiertes Stück Küstenstraße getrennt war. Dazu gehörte eine große Kirche, deren Türme die Kokospalmen deutlich überragten.

Diese Schwestern sammelten, soweit die Kapazitäten reichten, die häufig eben erst geborenen Kinder der Armen und Ärmsten aus den Slums, aus dem Reisfeld und manchmal aus dem Straßengraben und päppelten sie auf. Die Kinder wurden gekleidet, ernährt, unterrichtet und ins Leben entlassen, und wenn sich das als nicht durchführbar erwies, in einer schwesterneigenen Ausbildungsstätte aufgenommen, wo sie unter anderem in der Anfertigung phantastischer Handarbeiten unterrichtet wurden, die vielerorts Käufer fanden. So genannte Petty-Point-Arbeiten gehörten dazu, Stickereien, die, unter dem Vergrößerungsglas ausgeführt, für Brillenetuis, Taschentuchbehälter oder Abendtaschen Verwendung fanden.

Selbst Felix, der generell mehr anderen Gebieten zugetan war, erging sich in bewundernden und höchst anerkennenden Worten.

Die Räumlichkeiten des Hospitals waren einfach, aber blitzsauber, zwar nicht mit Klima-Anlagen versehen, die Gemeinschaftsräume immerhin mit Ventilatoren. Die Behandlungs- und Krankenzimmer weiß gestrichen, die Zementböden rot. Die Schwestern waren überaus zuvorkommend, wobei zwischen Sarah und einer Schwester namens Clothilde die Chemie sofort stimmte, die als Elsässerin erfreulicherweise auch Deutsch sprach. Erfahrungen in der Geburtshilfe waren hier geballt vorhanden, denn das war Teil des täglichen Brotes.

In den Folgemonaten wurden die notwendigen Untersuchungen mit Fahrten nach Pondicherry am Wochenende fortgesetzt, bis sich erst Anzeichen der baldigen Entbindung bemerkbar machten.

Felix war in dieser Zeit unruhig bis gereizt und bissig wie ein Straßenköter, so dass sich Oberbauleiter Pannenbäcker genötigt sah, der übrigen Mannschaft mitzuteilen, sie möchten Felix in Ruhe lassen, ihn möglichst gar nicht ansprechen und am besten einen Bogen um ihn schlagen, denn der würde in Kürze ein Kind bekommen.

Sie fuhren sehr rechtzeitig nach Pondicherry, wobei Felix Sarah bei der Einquartierung behilflich war und sich wieder nach Borampur zurückbegab. Telefon gab es nicht, so dass er unter Berücksichtigung der Baustellenerfordernisse sein Wiederkommen nur ungefähr einplanen konnte. Jedoch gerade rechtzeitig am Tag der Tage traf Felix am Spätnachmittag in Pondicherry ein und begab sich mit Sarah auf einen in solchen Fällen täglich zweckmäßig angesehenen Spaziergang entlang des Bengalischen Meeres, über dem sich ein gewaltiges Wolkengebirge zusammengeballt hatte, und zwischen den mit Palmwedeln gedeckten Lehmhütten und wieder zurück durch die baulich einigermaßen besser ausgestatteten Straßen, wobei Sarah erste Anzeichen von Wehen zu erkennen glaubte.

Beide warteten noch an die zwei Stunden in Sarahs Zimmer, bis die Wehen stärker einsetzten, und sich Felix quer über den Hof zu den Schwestern begab, um diese zu informieren.

Eine weitere knappe Stunde mochte nach Sarahs Aufnahme im Entbindungsraum vergangen sein, als eine der Schwestern zu Felix eilte, der sich im für Sarah vorgesehenen Zimmer des Hospitals aufhielt, und ihm erklärte, es wäre ausdrücklicher Wunsch seiner Frau, dass er bei der Geburt dabei sei. Sie, katholische Ordensschwestern, würden die Anwesenheit männlicher Begleitung im Entbindungsraum generell ablehnen, in diesem Fall würden sie jedoch eine Ausnahme machen. Es wäre das erste Mal. Und Felix rannte auch schon auf der zum Hof hin offenen Gebäudeseite im ersten Stock hinter ihr her.

Es war noch nicht ganz so weit, die Oberin war anwesend – nicht jedoch Schwester Clothilde, die einen harten Arbeitstag gehabt, sich bereits zu Bett gelegt und den Untersuchungen zufolge angenommen hatte, die Geburt fände voraussichtlich einen Tag später statt.

Und dann fiel ein Unwetter über Pondicherry her, das es in sich hatte. Es blitzte und donnerte, der Sturm heulte und Regen prasselte in Massen hernieder. Eine riesige Konifere kippte über eine Stromleitung, und die Stadt lag im Dunkeln.

Die Entbindung fand bei Kerzenlicht und Petroleum-Lampenschein statt. Schmerzstillende Mittel führten die Schwestern nicht; die hatte der Liebe Gott an diesem Ort nicht vorgesehen. Das Kind erschien, und die Oberin sagte:

»Was für ein hübsches Mädchen!«

Felix stand in der geballten Hitze des Raumes, schweißgebadet wie alle anderen, daneben und glaubte, nicht richtig gehört zu haben.

»Ein Mädchen?« fragte er sicherheitshalber noch mal nach.

»Ein Mädchen!« bestätigte die zweite Schwester.

»Nehmen wir!«, sagte Felix.

Der Umzug in das vorgesehene Zimmer erfolgte wie der Ablauf einer Prozession bei Kerzenschein mitten in der Nacht. Sarah legte sich erschöpft in ihr Bett, Felix in ein zweites daneben, der Zugewinn wurde in ein Bettchen am Fußende der Elternbetten abgelegt. Felix' Gehör verschärfte sich in dieser Nacht um ein Mehrfaches, sogar das leichte Luftholen der Mücken an der Decke bis hin zu deren unterdrücktem Husten konnte er vernehmen, wuchtete sich jedes Mal hoch und schaute ängstlich wie besorgt in das Bettchen und lauschte, ob die Atmung in Ordnung wäre.

Der neue Tag war angebrochen, Mutter und Tochter waren den Umständen entsprechend wohlauf, aber Felix hatte ein Problem. Jedermann, der Vater geworden ist, weiß, dass zu einer erfolgreich verlaufenen Entbindung Blumen gehören. Aber woher nehmen und nicht stehlen: Die Blumenpracht rundum war zu dieser Jahreszeit weitgehend erloschen, in der Stadt gab es keine Blumengeschäfte und im Hospital keine Vasen; hier standen ganz andere Probleme an als abgestandenes Blumenwasser zu wechseln. Felix überlegte krampfhaft und sah eine mögliche Lösung vor sich. In mehreren Sätzen sprang er die beiden gegenläufigen Treppenabschnitte hintereinander, abschnittweise in Fünfer- und Sechsergruppen aufgeteilt, hinab, überquerte den Hof und winkte auf der Straße die erst beste Fahrradrikscha heran. Zum Stadtpark wolle er, vermittelte er dem Fahrer. Dort angekommen, hieß er ihn warten und begab sich in das Parkinnere. Er sprach einen der dort Tätigen an, den er für geeignet hielt, reichte ihm ein Päckchen Rupien und deutete auf die Kronen der noch in grellroter Blüte stehenden Dschungelbäume und Restblüten der Jacaranda-Bäume.

Der angesprochene Vertragspartner begab sich unverzüglich mit Kokosstrick und Machete aufwärts in die zehn, zwölf Meter hohen Kronen und hackte munter drauflos. Was da alles runterkam, war in einem Krankenzimmer nicht unterzubringen, so dass Felix ihm Einhalt gebot, um am Boden die Feinarbeit fortsetzen zu lassen.

Was noch, als geeignet angesehen, übrig blieb, umfasste Felix mit beiden Armen und wuchtete sich in die Rikscha zurück. Im Hospital angekommen, ließ er sich drei Putzeimer aushändigen, verteilte seine Beute einigermaßen ordnungsgerecht und schleppte die Eimer in den ersten Stock. Dann umstellte er das Bett von Sarah, die noch nicht so ganz erfasste, was da vor sich ging, mit seinem Werk. Welche junge Mutter war je so bedacht worden: Drei knallgelbe Plastikputzeimer, meterhoch angefüllt mit den Prachtblüten tropischer Natur aus dem Stadtpark.

Die Taufe fand ein paar Tage später in der hospitaleigenen Kirche statt. Julia, auf diesen Namen hatten sie sich geeinigt, wurde mit dem Wasser aus einer in der inneren Kirchenwand eingelassenen Halbschale einer so genannten Mördermuschel getauft.

Nach etwa einer Woche holte Felix in Begleitung von Radhakrishnan Sarah aus dem Hospital ab. Ein Bettchen aus massivem Teakholz, überwölbt von einem Moskitonetz, war zwischenzeitlich angefertigt worden, und Julia nahm ihren Platz im Elternschlafzimmer ein. Sie aß und schlief, kleckerte sich regelmäßig voll wie alle anderen Kinder dieser Welt, und Felix musste, ob er wollte oder nicht, zeitweise beim Wickeln aushelfen, wenn Sarah in den ersten Wochen nach der Entbindung körperlich nicht auf dem Damm war.

Ein Kinderwagen war von einer befreundeten deutschen Familie, die gleichfalls ein Kleinkind hatten, übernommen worden, denn Kinderwagen gab es dem Kenntnisstand nach kaum irgendwo in Südindien. Pulverisierte Kindermilch mit dem Markennamen Ostermilk wurde in einer Fabrik in der Nähe von Madras hergestellt und war im Handel nicht immer zu bekommen. Also wurde die Fabrik bei den Beschaffungsfahrten direkt angesteuert, wobei Felix stets erfolgreich war.

Ein Aufenthalt im Garten war für Julia nur unter nicht zu unterbrechender Beobachtung möglich, denn den gelegentlich kreuz und quer in den Gärten und Straßen herumstreifenden Affen, die recht ruppig werden konnten, war nicht zu trauen. In einem Fall hatte einer dieser Tagediebe seinen haarigen Arm zwischen die Stahlarmierung des Fensters am Esszimmer gesteckt und versucht, die Früchte in einer Fruchtschale auf dem Tisch zu erreichen.

Jeram, Sarahs Haushilfe, war rührend besorgt um

Julia und trug sie zigmal rundherum, damit Sarah und Felix in der zeitlich begrenzten Mittagspause ungestört essen konnten, denn Felix wurde nach der Pause zusammen mit Kollegen wieder abgeholt.

Radhakrishnan nahm ebenfalls durch emsige Besorgungen und Hilfestellungen am Familienleben teil, so dass Sarah wie Felix manchmal den Eindruck hatten, die Familie hätte sich nicht nur um eine Person vergrößert.

Abschied – ohne Wiedersehen?

Julia wuchs schnell heran und war mittlerweile auf feste Kost umgestellt worden. Ernährungsprobleme hinsichtlich regelmäßiger und ausreichender Nahrungsaufnahme gab es überhaupt nicht, im Gegenteil. Sah sie ihren aufgehäuften Babyteller nahen, zog sie den Kopf ein, nahm wie ein angriffsbereiter Tiger das Angebot ins Visier und zappelte mit Händen und Füßen, bis der erste Löffel eingeschoben war.

Bei ihrem Lieblingsgericht, Möhren mit Kartoffeln durcheinander gekocht, war das ganz schlimm: Noch den ersten Löffel im Mund, hechelte sie schon nach dem zweiten. Beim recht frühzeitigen Versuch, sich aufrecht zu stellen, knickten anfangs noch die Beinchen weg, dann aber entdeckte sie wenig später den niedrigen Couchtisch, wurde dort zunehmend häufiger abgesetzt, wobei sie mit schleifenden Händen auf der Platte, schrittchenweise leicht versetzt, diesen bis zum geht nicht mehr umkreiste. Wurde sie vorzeitig aufgenommen, bäumte sie sich empört auf und brüllte das ganze Haus zusammen.

Sarah und Felix ließen sie nie allein und nahmen sie grundsätzlich auf allen möglichen Wochenend-, Besichtigungs- und Beschaffungsfahrten mit, die häufiger nach Pondicherry führten. Am Strand entlang und auf sandigen Zugangswegen zwischen den Hütten des ärmeren Teils der Bevölkerung wurde sie zur staunenswerten Sensation der dunkelhäutigen Tamilenkinder, die kaum jemals einen weißen Europäer im Kleinformat gesehen hatten.

Meist schlief sie nach einem solchen Rundgang im Kinderwagen am Strand ein, wobei hin und wieder eines der Puddingbeinchen über den Wagenrand hing. Das war der Zeitpunkt, in dem Sarah und Felix, oft in Begleitung von Bekannten der Baustelle, in die warme Meeresbrandung eintauchten, allerdings immer mit dem unguten Gefühl, mit einem Rotfeuer-,

Stein- oder Skorpionfisch, einem Stechrochen oder gar einer Seeschlange in Berührung zu kommen. Schwarz-gelb geringelte, etwa einen halben bis dreiviertel Meter lange Seeschlangen, die als hochgiftig galten, fanden sich fast regelmäßig angeschwemmt auf dem Strand. Es hieß zwar, sie würden nicht angreifen, das Gift sei jedoch tödlich. Das zu wissen genügte, beim Gang in die Wellen zunächst einmal aufkommende Abneigung zu überwinden.

Während ihrer Bade-Exkursionen hielten Sarah und Felix ständig den Kinderwagen im Blick. Zeitweise tummelten sich schwarze, halb wild lebende Schweine in Rudeln am Strand, die alles abräumten, was auch nur einigermaßen genießbar war, einschließlich der angeschwemmten Giftschlangen, und in der Lage waren, den Kinderwagen umzuwerfen. Vor der Rückfahrt nach Borampur verblieben sie meist noch eine Weile in einem einfachen Restaurant, das einzige am gesamten Strand überhaupt, nahmen noch eine Erfrischung oder probierten in kleinen Portionen die ersten Krabbencocktails, im Ruhrgebiet kaum, wenn überhaupt, bekannt.

Am Spätnachmittag wurden alle Mitbringsel wieder in den Wagen verladen, wobei Sarah, Felix und Julia erneut von dunkelhäutigen, großäugigen Tamilenkindern umringt wurden, die sich gleich dutzendweise bis in den Kinderwagen hineinbeugten und sich Sekunden vor der Abfahrt die Nasen an den Fenstern platt drückten, so dass nur noch über die Frontscheibe eingeschränkte Sicht bestand.

Bei einem dieser Badeausflüge hatten sie in einer Gruppe befreundeter deutscher Mitarbeiter auf der Strandböschung gesessen und schweigend den Ausblick auf das Meer mit der im Rücken befindlichen Spätnachmittagssonne genossen. Als sie allesamt versunken und in sich gekehrt auf das grün-blau wechselnde, mit Schaumkronen versehene Farbspiel gestarrt hatten, war eine Gruppe von Pelikanen in ihr Blickfeld geraten, die in Kiellinie und in einem sanften Auf und Ab über das Wasser schwebte.

»Dreizehn«, hatte Felix der schweigenden Begleitschar mitgeteilt.

»Was, dreizehn«, hatte nach einer kleinen Pause einer der Begleitenden gegengefragt.

»Dreizehn Pelikane sind das«, hatte Felix geantwortet.

»Mein Gott«, sagte der erschüttert, »wir sitzen hier und genießen diese phantastische Vorabendstimmung, und er zählt Pelikane. Das bringt auch nur ein Kaufmann mit seinem Zahlensalat im Kopf fertig.«

Der Süden Indiens bot in jeglicher Beziehung immer wieder Überraschungen in Verbindung mit beeindruckenden Stätten, Landschaften oder auch mit der Bevölkerung. Sarah und Felix beschlossen, ihre Touren mit Julia zu forcieren, wobei vornehmlich die Wochenenden infrage kamen, die man auch schon mal um ein oder zwei Tage verlängern konnte.

Coimbatore war eine von vielen Städten mit einer in die Felsen geschlagenen Tempelanlage und einem in den Räumlichkeiten untergebrachten Elefanten, der alle Tempelbesucher persönlich begrüßte und darauf trainiert war, mit seinem Rüssel möglichst viele Rupien entgegenzunehmen, die er seinem Betreuer weiterreichte. In einigen aus der Kolonialzeit verbliebenen Landhotels konnte Sarah immer wieder ausprobieren, ob das Curry auch scharf genug war und einen Vergleich mit dem gleichen Produkt in ihrem Lieblingslokal in Madras nicht scheuen musste.

In einem kleinen, südlich des Einsatzortes gelegenen Bergstädtchen besuchten sie einen katholischen Priester, der gelegentlich nach Borampur kam, um seine Glaubensbrüder zu besuchen und die Messe zu halten und Felix dazu verführte, das zwei Wochen zuvor eingestellte Rauchen wenigstens an diesem Wochenende vorübergehend mit ein paar Zigaretten zu unterbrechen – der Gemütlichkeit halber, denn er rauchte auch. Felix folgte seinem Rat und stand dann dauerhaft wieder unter Dampf. Sarah konnte nicht fassen, dass ein Priester ihn erneut zum Rauchen ermuntert hatte.

Hauptattraktion der Fast-Millionen-Stadt Madurai war der riesige, weltberühmte Tempel, der größte seiner Art in Südindien.

Auch hier wie in Madras brodelndes Leben in den buntesten Farben und allen Variationen auf den Straßen: Bettler, Priester und Heilige, so genannte Sadhus, Leprakranke mit verkrüppelten Fingern, Armen oder Beinen, einen Blechnapf zwischen die Unterarme geklemmt, den sie wechselseitig zum Einsammeln von Geld wie auch als Essnapf verwandten, halbnackte Straßenarbeiter in Gräben entlang der Straße beim Erdaushub, Entwässerungsarbeiten oder Verlegung von Rohren, Kulis, gleich den Straßenarbeitern den Unberührbaren zuzurechnen, für Arbeiten jeden Zwecks bei der Straßenreinigung, beim Transportieren oder Beladen; Frauen in den buntesten Saris mit und ohne Kinder an der Brust, Hüfte oder auf dem Rücken, aufblühendes Leben hier und vielleicht um die Ecke ein schwelender Scheiterhaufen, halb verhungerte Kühe und dumpf vor sich hintrabende schwarze Wasserbüffel, Gaukler mit umstehenden Körben voller Schlangen, bevorzugt Cobras, die sie auf Wunsch und gegen einen verhandelbaren Betrag zur Flöte wiegen oder gegen einen Mungo kämpfen ließen, Fahrradrikschas oder von Männern unter Einsatz ihrer Körperkraft gezogene Rikschas, manchmal mit einer ganzen Familie befrachtet, die durch den Verkehr bewegt wurden, großenteils schrottreife Kraftfahrzeuge und mit Reissäcken, Holz oder Viehfutter völlig überladene Lastkraftwagen mit abgefahrener Bereifung, von denen eine Reihe bedenkliche Seitenneigungen aufwiesen, kurz vor dem Umfallen hupend, zickzack durch den Verkehr rollten.

Das alles inmitten der landesweit vielerorts üblichen Lehmbauweise, vornehmlich in den Dörfern und städtischen Vorortbezirken, dann in Richtung Stadtzentrum in Ziegelbauweise und unterschiedlichen Stockwerkshöhen errichtete Häuser, durchgehend einfacher Ausstattung. Häufig ohne jede Möblierung und nur mit Matten ausgelegt, teilweise bunt bemalt, seit Jahren halb fertig gestellt und teilweise durch die Einwirkung des Monsuns schon wieder im Zerfall begriffen, bis auf die blanken Ziegel und nach innen reduzierten Fugen abgewaschen. An Strommasten hängende Transformatoren und ganze Knäuel von Kabeln, die überallhin führten und bei reichlich bedachten Häusern den Eindruck erweckten, sie wären damit paketartig verschnürt worden, um die Bausubstanz nicht auseinanderbröckeln zu lassen.

An der Ecke ein Kino mit schreiender Reklame und Darstellung der Filmgrößen in fünf Meter hohen Pappfiguren rechts und links des Eingangs. Hundert Meter weiter tauchten Sarah und Felix in aus Lautsprechern kaum auszuhaltenden Lärm ein, wobei nicht auszumachen war, ob hier eine Werbeveranstaltung, eine Hochzeit oder ein religiöser Umzug stattfand. Beide entdeckten immer mal wieder Motorroller mit Vater als Fahrer, Kind auf dem Lenker, Mutter auf dem Rücksitz mit je einem Kind auf den Beinen. Das war absolut keine Seltenheit und konnte bei einem informativen Rundgang oder Einkauf ein über das andere Mal beobachtet werden.

Noch mehr faszinierte Sarah wie Felix ein Pick-up mit offener Ladefläche, auf der eine Frau, vermutlich die Gattin, sich halb liegend hin und her rutschend, an einem der Seitenholme festkrallte, um nicht bei der Schlängelfahrt auf der Straße unfreiwillig abgeladen zu werden, während auf dem Beifahrersitz eine entspannt sitzende Ziege zu sehen war, der man die Vorderbeine auf dem Sockel neben dem Lenkrad zusammengebunden hatte, die aus dem offenen Seitenfenster sah und fröhlichen Auges die Fahrt sichtlich genoss.

»Wenn wir wieder in Deutschland sind, kaufe ich mir auch einen Pick-up und eine Ziege«, sagte Felix zu Sarah.

»Und ich einen neuen Mann«, entgegnete sie.

Trotz aller Krankheit und Bedürftigkeit, die an vielen Enden und Ecken wahrnehmbar war, lag über diesem Riesenland eine sonnige Heiterkeit, der viele Einheimische mit ihrem freundlichen Wesen und lächelnden Augen Ausdruck verliehen und die bei Sarah wie bei Felix eine starke innere Verbundenheit aufkommen ließ. Das war einer der Gründe, warum sich beide in diesem Land sehr wohl fühlten.

Etwa zwei Jahre waren seit ihrer Ankunft in Indien vergangen, und Felix konnte seinen weiteren Verbleib auf ungefähr ein weiteres halbes Jahr abschätzen, abhängig von der mehr oder weniger zügigen Restabwicklung auf der Baustelle, als ihn eines Abends Sarah beiseite nahm, Felix in die Augen blickte und sagte:

»Ich bin mir noch nicht ganz sicher, aber es könnte sein, dass Julia in absehbarer Zeit ein Schwesterchen oder Brüderchen bekommt. Einige Symptome gleich den damaligen, als Julia unterwegs war, deuten darauf hin. Auf jeden Fall werde ich mich morgen zur Untersuchung ins hiesige Krankenhaus begeben; ich habe mich schon angemeldet.«

Und Sarah hatte richtig empfunden: da war zu ihrer beiden Freude mit Sicherheit »etwas« unterwegs. Dass die notwendigen Vorkehrungen und Planungen unverzüglich zum wichtigsten Gesprächsgegenstand wurden, war keine Frage. Über eines waren sich beide sofort ungeteilt im Klaren: Trotz des hervorragenden und anerkennenden Einsatzes der Schwestern bei Julias Geburt: Nicht noch eine weitere in Pondicherry unter Berücksichtigung eventueller Komplikationen.

Unabhängig davon würde die Familie auch gerne Weihnachten wieder im Ruhrgebiet sein, was, zeitlich gesehen, ganz gut mit der in der Vorausschau betriebenen Restabwicklungszeit passend hinkam. Sie beschlossen, Sarah mit Julia vorausfahren zu lassen, um auf keinen Fall in Anbetracht der Schwangerschaft ein Risiko bei der Flugreise aufkommen zu lassen.

Sarah war auch bestrebt, in Deutschland nach einer Wohnung Ausschau zu halten und sich um die notwendige Ersteinrichtung mit Unterstützung der Elternteile zu kümmern. So aufregend und schön, eindrucksvoll wie lehrreich diese Jahre auch gewesen waren, sie sehnten sich wieder zurück in ihre alte Heimat, auch wenn dort immer noch die Ausdünstungen der Industrien über das Land zogen, von einem südindisch blauen Himmel nicht die Rede sein konnte und nach wie vor die Kanaldeckel versehentlich mitgenommen wurden.

Zwei Wochenendausflüge unternahmen sie noch im Süden Indiens: Die erste führte sie zum Periya-See, einen Stausee und Wildreservat, der durch die teilweise Überflutung eines Dschungels entstanden war. Noch immer ragten die Stämme der abgestorbenen Bäume aus den Fluten. Auf einem Stumpf entdeckten sie eine zusammengerollte Schlange, die offensichtlich pausierte, und als sie sich mit dem Boot dem gegenüber liegenden Ufer näherten, schreckten sie eine wilde Büffelherde hoch, die mit Urgewalt die umliegenden Büsche niederwalzte und das Weite suchte.

Einen schwimmenden Elefanten, der einem vielleicht seit Urzeiten von Artgenossen benutzten früheren, jetzt überschwemmten Pfad folgte, wie ihnen der Führer erklärte, begleiteten sie mit dem Boot, was dem Tier überhaupt nicht recht war. Kaum das Ufer erklommen, riss der Koloss einen Ast vom nächsten Baum und schleuderte diesen in Richtung der unerwünschten Besucher.

Die zweite gemeinsame Tour schließlich führte die drei nach Bangalore mit Übernachtung bei einem evangelischen Geistlichen, den sie im Laufe ihres Aufenthaltes im Lande kennen gelernt hatten, und weiter nach Mysore mit seinem weltberühmten Maharadscha-Palast in nie gesehener Pracht. Folgend dann eine Übernachtung in einem neu erbauten Hotel an einem großen See südlich von Mysore, wo sie als einer der wenigen Gäste höchste Aufmerksamkeit genossen.

»Ich hätte nichts dagegen«, sagte Felix, »wenn unser weiteres Leben in gleicher Form weitergeführt werden könnte. Das einzige, was ich entbehrungswürdig finde, ist die nicht nachlassende wabbernde Schwüle, die einem wie ein nicht abzuschüttelndes Anhängsel folgt, obgleich ich mich andererseits in gewisser Weise daran gewöhnt habe.«

Am folgenden Tag ging es durch das landwirtschaftlich intensiv genutzte Gebiet weiter, wobei ihnen zunehmend um die drei, vier Meter hohe, aus Stein oder Mörtel errichtete und grell bemalte Dämonen inmitten der Reisfelder mit teuflischen Fratzen auffielen, die dort über Wachstum und Ernte wachten. Und immer wieder Dörfer, Plantagen, kleine Flüsse, von der Sonne verbrannte Hügel und vereinzelt Berge, bis dann die Nilgiris aus dem satten Dunst auftauchten, diesmal von der Westseite her angefahren. Sie stoppten in einem Wildreservat am Fuß der Berge, machten den Wildhüter ausfindig, der ihnen bei einem nachfolgenden Gespräch über Land und Leute zu aller Bedauern mitteilte, dass immer wieder vergiftete Tiger, selbst im Reservat, aufgefunden würden, teils aus Furcht vor Attacken auf Menschen und Vieh, teils der Beute wegen, die sich vom Kopf, über Fell und Klauen zu für indische Verhältnisse horrende Preise an den Mann bringen ließen.

Er stellte den dreien einen Elefanten mit Führer zur Verfügung, und sie machten sich über Stock, Stein und Senken auf in den Bergwald. Sarah hielt sich mit einer Hand an dem Gestänge des Aufsatzes auf dem Rücken des Tieres fest, mit der anderen umkrampfte sie Julia. Das erforderte ständig angespannte Muskeln, um nicht von dem Aufbau abzurutschen, wenn sich der Elefant auf dem Hang steil nach vorne aufrichtete oder umgekehrt in eine Senke abtauchte.

Leider war ihnen das Glück an diesem Tage nicht geneigt: die einzigen Tiere, die sie zu sehen bekamen, waren schwarze endemische Affen mittlerer Größe mit auffallend weißen Gesichtern, die sich kreischend durch die Wipfel der Bäume hangelten. Aber allein das ganze Drumherum mit Führer und Elefanten im Bergwald war abenteuerlich und gab genug Gesprächsstoff abends in der Hütte des Wildhüters, in der sie auch übernachteten.

Nach dem Aufstieg durch Kaffee- und Teeplantagen erreichten sie am Nachmittag des Folgetages den Gebirgsort Ootakamund in zweitausend Metern Höhe. Sie quartierten sich in ein schön gelegenes Hotel am

Rande einer Schlucht ein und streckten sich erst einmal auf den Betten aus, während Julia, den Daumen
im Mund, abwechselnd vor sich hinsummte oder brab-
belnd in Selbstunterhaltung vertieft war. Sie überstand
die Fahrt ohne Klage und schien sich äußerst wohl zu
fühlen. Beim Auspacken eines Koffers entdeckte Sarah
ein äußerst großes Kakerlakenexemplar zwischen den
Hemden, das sich unbemerkt, mit Sicherheit aus der
Ebene, eingeschlichen hatte.

Sarah wie Felix hatten sich im Laufe der vergangenen
zwei Jahre an alle möglichen Dinge gewöhnt; Kakerlaken gehörten nicht dazu. Felix jagte sie erbarmungslos.
Wenn er hinter ihnen her war, versuchten sie meist unter Tischen und Schränken zu entkommen, wobei sie
häufiger im Kreis um ein Stuhl- oder Tischbein saus-
ten. Felix hielt dann einen Schlappen zuschlagsbereit
hoch und ließ diesen im rechten Moment runter sau-
sen. Die Erfolgsquote steigerte sich durch die zuneh-
mende Erfahrung im Laufe der Jahre erheblich.

Radhakrishnan fuhr vor und begab sich auf eine von
wild wachsendem Rhododendron gesäumte lange ge-
wundene schmale Straße, die längs über dem Gebirgskamm verlief. Ihr Ziel war das Siedlungsgebiet eines im
Aussterben begriffenen Stammes, der in den Nilgiris
ansässig war. Nur um die zwei Dutzend Angehörige
hatten die Segnungen der Zivilisation überstanden,
was die Gruppe nicht davon abhielt, sie freundlich
zu begrüßen und ihnen Getränke anzubieten. Es gab
nichts Außergewöhnliches zu sehen, aber allein die be-
sondere Gelegenheit, ein solches Kleinvolk noch vor
dem vermutlichen Verschwinden gesehen zu haben,
war irgendwie aufregend und tief eindrucksvoll. Der
Ausflug ging ihrem Ende entgegen.

Das Datum für Sarahs Rückflug und Julias Erstflug
wurden abgestimmt und die Flugscheine über die Firmenvertretung angefordert.

Die letzten Tage bis zum Abschied waren ausgefüllt
mit letzten Besorgungen und dem Verpacken Mitneh-
menswertes. Felix unterwies Sahra in allen wichtigen

Dingen der Haushaltsführung, wie da sind: Spülen, Abtrocknen, Einräumen, Einkauf, Wäsche, Fegen, Putzen, notfalls auch Staubwischen, sollte er im Krankheitsfalle Jerams einmal allein dastehen, dazu die wertvollen Hinweise auf gesunde Ernährung, Abwendung von Gefahren am Herd bis hin zum Abschließen der Eingangstüre.

Felix bestätigte, alles richtig verstanden zu haben, den Hinweisen, Unterweisungen und Ratschlägen zu folgen, immer an seine eigene Gesundheit zu denken und sich seiner Verantwortung gegenüber Sarah, Julia und dem erwarteten Nachwuchs stets bewusst zu sein.

Am Abflugtag machten sich Sarah, Julia und Felix, selbstverständlich in Begleitung von Radhakrishnan, für die beiden Ausreisenden zum letzten Mal auf den Weg nach Madras, um von dort nach Neu Delhi zu fliegen und in die Maschine nach Frankfurt umzusteigen.

Der Abschied von Radhakrishnan und zuvor schon von Jeram war wehmütig herzlich. Beide Seiten wussten, dass sie sich in diesem Leben kaum mehr wieder sehen würden, obgleich Sarah immer schon davon gesprochen hatte, bei passender Gelegenheit später einmal zurückzukehren. Sie war in Indien längst heimisch geworden und hatte wie Felix das Land ins Herz geschlossen. Julia auf dem linken Arm, die Tasche mit der Rechten umfassend, verschwand Sarah hinter den Absperrungen des Flughafens.

Zwei Wochen vor Weihnachten war es dann auch für Felix so weit. Radhakrishnan hatte ihn über Wochen bekniet zu bleiben:

»Sie sind verantwortlich für mich. Was soll ich denn machen, wenn Sie mich zurücklassen?«

Felix machte sich viel Mühe, ihn zu beruhigen, und erklärte ihm ein über das andere Mal:

»Aus beruflichen Gründen, allein schon deswegen, kann ich nicht dauerhaft in Indien bleiben. Meine Arbeit ist hier leider beendet. Vorrangig geht es dabei auch darum, das wirst du in jedem Falle verstehen, zu meiner Familie zurückzukehren. Zweieinhalb Jahre sind seit meiner Ankunft vergangen, und es zieht mich jetzt wieder mächtig in meine Heimat, dem Ruhrgebiet, Vergleichbares gibt es hier nicht. Andererseits bin ich mir längst im Klaren darüber geworden, dass Indien zu meiner zweiten Heimat geworden ist. Ich verspreche dir, zu einem späteren Zeitpunkt als Besucher wiederzukommen.«

Schließlich zeigte sich Radhakrishnan einigermaßen einsichtig, konnte aber mit einem gewissen Trotz nicht verheimlichen, wie sehr er getroffen war. Wenn sein Chef ginge, würde er auch gehen, nein, nicht nach Deutschland, sondern in seine Heimat, er sei schließlich ein Kerala-Man.

Felix blickte noch einmal auf sein Haus zurück und dann nach Passieren des Stadttores auf die hinter ihm schwindende Stadt. Sie näherten sich dem Lehmdorf Panrutti, an dem Felix in den vergangenen zweieinhalb Jahren dutzende Male vorbeigefahren war. Es roch immer noch nach Verkokeltem, und nach wie vor waren die mit Palmwedeln gedeckten braunen Lehmhütten unter den im Winde sich wiegenden Kokospalmen mit an die Wände geklatschten Kuhfladen zum Trocknen und späterer Verfeuerung verziert. Auf der halben Wegstrecke passierten sie Radhakrishnans Raststätte, in der er regelmäßig auf den Fahrten nach Madras anhielt und die an Sarahs Durstattacke bei der Hinfahrt vor zweieinhalb Jahren erinnerte. Am Flughafen angekommen, trugen beide das Gepäck in die Abflughalle zum Schalter, und Felix sagte zu seinem Begleiter, mit dem er täglich in enger Verbundenheit durch dick und dünn gegangen war:

»Mir ist gleich dir hundeübel, warte nicht länger, geh jetzt bitte!«
Und Radhakrishnan ging.

Endlich wieder daheim

Sarah nahm Felix lächelnd am Flughafen in Empfang, begleitet von Töchterchen Julia. Den Kopf bedeckt mit einem roten Hut, einem Gartenzwerg nicht unähnlich, verhielt sie sich kaum einen Augenblick ruhig, wieselte ununterbrochen herum, umkreiste die Wartenden und interessierte sich für alles, wofür sie sich nicht unbedingt interessieren sollte: Zum Beispiel für die Schuhe anderer wartender Empfangskomitees, die sie hier und da aufzuknüpfen versuchte, und deren Taschen und anderem Zubehör bis hin zu fallen gelassenem Papier auf dem Boden der Ankunftshalle, um es den Umstehenden vor die Füße zu legen.

Julia war während Felix' Abwesenheit deutlich gewachsen, ihre Gesichtszüge hatten sich leicht verändert und sie stand jetzt sicher auf ihren Beinchen. Für Felix erstaunlich war, dass sie kein Zeichen eines abtastenden Wiedererkennens, eventuell auch der Abwehr von sich gab, sondern völlig offen auf ihn zuging, ihn anlächelte und sich problemlos auf seine Arme heben ließ, so, als wären sie nie getrennt gewesen.

Sarah sah mit ihren von der frischen Morgenbrise leicht geröteten Wangen in ihrem elegant geschnittenen, grauen Fischgräten-Wintermantel trotz der Schwangerschaft jung und erholt aus, und beide Seiten genossen den Moment ihres Aufeinandertreffens nach monatelanger Trennung.

Die wieder vereinte Familie steuerte nach Verlassen des Ankunftsgebäudes auf einen nagelneuen, hellblauen VW-Käfer vor dem nahe gelegenen Parkplatz zu, den Sarah während der Zeit ihrer Trennung angeschafft hatte. Von der inzwischen eingerichteten Wohnung in einem Neubau hatte Felix auf dem Briefwege schon erfahren, wusste aber nur ungenau von deren Lage und Einrichtung.

Die ersten Tage der familiären Wiedervereinigung gingen beide Seiten bewusst langsam an, um erst einmal Boden unter den Füßen zu finden, und nutzten dann die Urlaubswochen vor Weihnachten sowohl zur Erledigung aller Arten und Besorgungen für das bevorstehende Fest als auch für die neu bezogene Wohnung.

Die Weihnachtstage genoss Felix in vollen Zügen und war mit gegenseitigen Besuchen der Eltern und Verwandten bis spät in die Abende hinein ausgefüllt. Phantastisch war es in Indien gewesen, in der Rückschau über alle Maßen erlebnisreich und unvergesslich, die Erfahrung hätten sie um keinen Preis missen mögen.

Jetzt aber endlich wieder am angestammten Ort mit der von Jugend an vertrauten Umgebung und Kulisse zu sein, war letztendlich doch erstrebenswert. Hier war er heimisch, hier würde er jetzt endgültig bleiben und sich mit Sarah, Julia und dem erwarteten Nachwuchs dauerhaft niederlassen. Baupläne hatten sie, ein Grundstück fand sich schnell, der Hausbau – unter der Leitung von Oma, die den gerade erst Zurückgekehrten Arbeiten abnehmen wollte – begann zügig. Vorerst zog das Paar in eine Mietwohnung.

Das Gefühl, nach bestandener Aufgabe endgültig in der über alles geliebten Heimat angekommen zu sein, zog sich so hin bis zum Abend des zweiten Weihnachtstages, als sich Felix schlagartig bewusst wurde, bald wieder im Büro antreten zu müssen.

Die mit Abenteuern durchsetzte, bunte exotische Welt mit dem Gefühl kaum eingeschränkter Beweglichkeit und Freiheit war erloschen, mal abgesehen davon, dass da morgen kein Teeboy im Büro auf ihn wartete, keine Helfer, die für ihn und Sarah jederzeit hilfreich zur Seite standen, keine Einladungen zu Festen und Feiern unter Palmen, Schwimmen im Bengalischen Meer und kein Fahrer als Leibwächter und persönlicher Assistent, der jederzeit zur Stelle und bestrebt war, alle Wünsche zu erfüllen.

Sicher fühlte er sich hier auf vertraute Weise wohl und heimisch, aber da draußen auch. Was denn nun? Wollte er hier bleiben oder doch wieder in die Ferne ziehen? Oder wollte er beides?

Aber zunächst gab es Wichtigeres als Felixs Gedankenspiele. Die Geburt des zweiten Kindes stand an. Sarah und Felix hatten sich rechtzeitig um eine Klinik mit bekannt gutem Ruf gekümmert, und als beide glaubten, der Zeitpunkt der Niederkunft sei gekommen, zögerten sie nicht, Sarah mehr als rechtzeitig stationär unterkommen zu lassen. Doch der Nachwuchs ließ sich Zeit, und Felix' tägliche Besuche und Erkundigungen änderten daran auch nichts.

Und dann war der Nachwuchs doch endlich da: eine zweite Tochter, die Augen noch halb geschlossen, die Händchen zu Fäusten geballt. Vor allem die Schwiegermutter, als Patin auserkoren, schwärmte in den höchsten Tönen, und Felix machte sich einige Tage später in einer familiären Kolonne auf den Weg, Sarah und die neue Tochter, die zwei Wochen später auf den Namen Susanne getauft wurde, in Empfang zu nehmen.

Nachdem sich Sarah schon wenige Tage später als Mutter und Hausfrau wieder in ihre Arbeit gestürzt hatte und ihre Wohnung ständig ergänzte und verschönerte, kehrte Felix an einem Spätnachmittag von der Arbeit zurück.

»Ich habe da eine Neuigkeit«, sagte Felix, nachdem er sie und Julia begrüßt und sich eine Weile mit Susanne, die sich im Kinderwagen räkelte, beschäftigt hatte »Komm, setzen wir uns! Also, es ist so. Brettschneider, Chef unserer Montageabteilung, hat mich heute angesprochen. Wir haben in Kuwait einen Großauftrag für den Bau eines Kraftwerkes am Persischen Golf bekommen, der kaufmännisch und administrativ betreut und abgewickelt werden muss. Vorausgesetzt, dass du einwilligst, habe ich vorab mündlich zugesagt. Ich kann zu diesem Angebot kaum nein sagen, zumal man mich fast kniefällig darum gebeten hat, und würde auf jeden Fall ...«

»Ist schon gut«, sagte Sarah. »Den Rest kannst du dir sparen. Ich habe das kommen sehen und mich trotzdem nicht von der Einrichtung unserer Wohnung abbringen lassen. Auf Dauer wärest du hier nicht zu halten gewesen, auch wenn du mit deiner Ruhrgebiets-heimat mindestens ebenso stark verbandelt bist wie dem Drang, neue Länder kennenzulernen. Wann soll es denn losgehen?«

»Wenn möglich, innerhalb der nächsten vierzehn Tage«, sagte Felix.

Die Unterhaltung mit Brettschneider war nicht ganz so gelaufen, wie von Felix wiedergegeben. Brett-schneider hatte nämlich gesagt:

»Wir haben einen Großauftrag vom kuwaitischen Staat erhalten, der möglichst schnell personell zu beset-zen ist. Ich hätte eine zweite Möglichkeit der Nachfol-gebesetzung durch einen Mitarbeiter aus einer anderen Abteilung, habe jedoch an Sie gedacht. Nicht nur weil sie Kenntnisse aus der Abwicklung eines Großauftrages in Indien haben und mittlerweile die Firmeninterna kennen, sondern weil Sie für ein anständiges bürgerli-ches Leben hierzulande versaut sind. Wenn ich Sie so sehe, kommt mir ein eingesperrter Vogel in den Sinn. Selbst jetzt, wenn ich mit Ihnen spreche, schauen Sie aus dem Fenster. Sie sind gedanklich völlig woanders. Also, was ist nun? Sie wollen doch, oder nicht?«

Und Felix wollte, und ob der wollte! Nichts wie raus aus den verstaubten Büroräumen hier!

Angesichts dieser Perspektiven erschien Sarah und Felix die Aufrechterhaltung der dann leer stehenden Wohnung nicht sinnvoll. Während Felix seine dienst-lichen Aufgaben erledigte, stürzte sich vornehmlich Sarah in den Abbau des gerade erst Aufgebauten. Und damit es ihr dabei auch nicht langweilig wurde, un-terstützte sie Töchterchen Julia in einem unbewach-ten Augenblick, indem sie die Sitzfläche der neuen Eckbank in der Küche komplett mit Niveacreme ein-schmierte und dann ihr Werk der Länge nach aus der Maggiflasche verzierte.

Ein Teil der Habe wurde verkauft, ein Teil ver-schenkt, ein Teil in den Lagerräumen eines nahen Ver-wandten untergebracht. Zum Schluss versetzte Sarah schweren Herzens den schönen neuen himmelblauen Käfer.

Die Reisevorbereitungen wurden von Verwandten und Freunden entweder auf direktem Wege oder hinter vorgehaltener Hand freundlichst und verständnisvoll kommentiert. Denn die sich zu Wort Meldenden waren fast ausnahmslos Experten in der familiären Lebensführung anderer und wussten, was gut und schön als auch richtig, zweckmäßig, sinnvoll und erstrebenswert war, so unter anderem:

»Wie, die wollen schon wieder weg, sind die denn verrückt? Wohl keine Ruhe im Hintern. Ob er sie wohl zwingt mitzukommen? Ich habe gehört, die Ehe wackelt jetzt schon, ist ja auch kein Wunder. Verantwortungslos den Kindern gegenüber, die werden ja ständig aus der gewohnten Umgebung gerissen.«

Dazu noch Cousine Erika: »Wenn mein Herbert das mit mir machen würde, wäre ich weg vom Fenster.«

Das war sie dann auch, denn Herbert machte. Er erhielt nämlich von seiner Firma, einem Chemiekonzern, das Angebot, sich auf nicht absehbare Zeit in den Fernen Osten zur Einrichtung und Überprüfung des Rechnungswesens zu begeben. Erika entschwand mit ihrem Herbert blitzartig in einer von ihr aufgewirbelten Staubwolke, noch bevor sich Felix mit seiner Sarah auf den Weg nach Kuwait machen konnte.

Felix und Sarah saßen in den letzten Tagen vor dem Abflug auf ihren gepackten Koffern. Eine Seekiste, diesmal nicht zwei, befand sich schon auf dem Wege in Richtung ihres neuen Zuhauses. Bei Eltern und Schwiegereltern die letzten Nächte zu verbringen, war kein Problem.

Am Vormittag des Abreisetages machte sich die Familie, Julia an Sarahs Hand und Susanne auf dem Arm, auf den Weg zum Flughafen, erledigten die üblichen Formalitäten am Schalter und begaben sich nach dem Aufruf an Bord der Maschine, Typ Comet, der Kuwait Airways. Zu ihrer Überraschung war etwa die Hälfte der Sitzreihen im hinteren Passagierbereich mit Planen abgedeckt, unter denen sich für das Emirat bestimmtes

Frachtgut befand.

Julia durchschnupperte förmlich ihre ungewohnte Umgebung, schaute in jedes Loch und jeden Kasten und schleppte Lesbares, von einer unsicher wirkenden Stewardess auf einer Ablage verwaltet, an, bis der Aufruf zum Anschnallen und zum Start kam. Mit Essen, Trinken und vorübergehendem Augenschließen überquerten sie die Alpen und das Mittelmeer, um in Kairo eine Zwischenlandung einzulegen.

Die Türen öffneten sich zischend, einige Passagiere verließen die Maschine, und zur Verblüffung aller betrat unmittelbar darauf ein mit Achselklappen bewehrter Beamter, offensichtlich ein Beauftragter des ägyptischen Gesundheitsministeriums die Kabine mit einer Spraydose in der Hand, nebelte den Passagierraum mit einem unbekannten Gas ein, wobei der lokalen Behörde offensichtlich nicht klar war, wer hier eigentlich hätte eingenebelt werden müssen.

»So viele Krankheiten, wie die hier im Lande haben, können wir gar nicht mitbringen«, sagte Felix zu Sarah, »mal ganz abgesehen davon, dass alle an Bord Verbliebenen gar nicht vorhaben, in das Land einzureisen, nicht einmal das Flugzeug überhaupt zu verlassen.«

Sie starteten erneut und überquerten in der Dunkelheit die arabische Wüste, die sich unter ihnen ausbreitete, gelegentlich unterbrochen von einzelnen quadratisch beleuchteten Anwesen, wobei kaum zu verstehen war, dass hier irgendwo im Nirgendwo Leben stattfand und sich die Frage stellte: Was waren das für Leute? Wie kamen die hierher? Womit beschäftigten sie sich? Wie ertrugen sie diese ungeheure Einsamkeit in der Totenstille der Wüste? Eine Antwort erhielten Sarah und Felix später, als sie sich danach erkundigten, dass es sich hierbei um Jagd- und Zweitwohnsitze teils ungeheuer reicher Araber handelte, die an geeigneter Stelle palastartige Unterkünfte in die Wüste gesetzt hatten, in denen sie mit ihren Familien und ausgewählten Besuchern zum Vergnügen und zur Erholung ihre Zeit verbrachten und mit Falken auf die Jagd gingen.

Es ging auf Mitternacht zu, als sich die Maschine

zur Landung neigte, einen Bogen um das hell erleuchtete Kuwait über dem Golf schlug, auf dem sich wie Glühwürmchen, unregelmäßig verstreut, Schiffe ausmachen ließen und sanft auf den einige Kilometer von Kuwait Stadt entfernten Wüstenflughafen aufsetzte. Sarah hatte bei den ersten Anzeichen der Landung die Kinder geweckt, die, jeweils einen Daumen im Mund, verschlafen blinzelten. Nach der Landung und der Aufforderung, die Maschine zu verlassen, nahm Sarah Julia an die Hand, Susanne auf den Arm, während sich Felix um das Handgepäck kümmerte.

In einer Gruppe von kaum dreißig Personen steuerten sie auf ein bescheidenes Ankunftsgebäude zu und betraten eine ebenso in Größe und Ausstattung bescheidene Ankunftshalle, in der sie ihre Pässe mit den Visa präsentierten. Das alles wurde von den Dienst habenden Beamten weit zügiger als seinerzeit in Indien gehandhabt – vielleicht, weil es schon nach Mitternacht war und die Maschine die letzte an diesem Abend.

An dem einzigen kleinen Gepäckband nahmen Sarah und Felix ihre Koffer entgegen und schritten, ohne von einem Zollbeamten – gab es überhaupt einen? angehalten und gefragt zu werden, auf einen verhältnismäßig kleinen Raum zu, in dem sich zwei Dutzend Wartende aufhielten, jeweils angetan mit langen bis zum Boden reichenden, meist weißen Gewändern, die traditionelle arabische Kopfbedeckung, ein rot-weiß, gezackt verziertes Tuch, gehalten von einem schwarzen Ring, und den unvermeidlichen Gebetsschnüren in den Händen, deren Kugeln unaufhörlich durch die Hände der gelangweilt wirkend Herumstehenden leicht klappernd glitten.

Ein schlanker, sympathisch wirkender, gebräunter Mann mittleren Alters machte auf sich aufmerksam, stellte sich mit Namen El Hakim, gebürtiger Syrer, als Verbindungsmann der örtlich betrauten Vertretung vor. Er winkte einem Helfer zu, der das Gepäck an sich nahm und in einen bereit stehenden Wagen verfrachtete, und steuerte sie durch ein gutes Dutzend Kilometer vegetationsloses Land in die Innenstadt von Kuwait City, die unmittelbar hinter der Wüste vor ihnen auftauchte.

Bei der Einfahrt in die neu angelegte Hauptstraße erblickten sie auf der einen Seite das Luxushotel einer amerikanischen Kette und folgend eine Reihe von Neubauten. Am Ende der Straße waren, wie ihnen ihr Führer erklärte, die im Abbruch befindlichen Reste des Goldbasars auszumachen, in denen der Handel jedoch noch immer florierte. Vor einem gesichtslosen Hotel der gehobenen Klasse wurden sie ausgeladen und einquartiert.

»Hier werden sie zunächst einmal wohnen müssen, erklärte ihnen El Hakim, bis sich eine Bleibe für sie findet, was nicht ganz leicht ist. Der Zuzug aus anderen Ländern, insbesondere aus den umliegenden arabischen, aber auch aus Pakistan und Indien, ist bei der hier stattfindenden Entwicklung gewaltig. Wir kommen mit dem Bau von Quartieren nicht nach. Ich hole sie morgen früh nach dem Frühstück ab und fahre sie zu unserer Firma«, womit er sich verabschiedete.

Die Fahrt am folgenden Morgen zur Firma war in der überschaubaren Stadt nur kurz. Im unteren Bereich des Flachdachgebäudes, das sie betraten, wirkten in einem durch eine große Glasscheibe getrennten größeren Büro ein Dutzend einheimische Mitarbeiter an Schreibtischen, wie schon am Flughafen in langen weißen Gewändern, bis auf die Sandalen reichend, wobei Felix beim Anblick der Kopfbedeckungen an die Muster heimischer Küchenhandtücher erinnert wurde.

Sie hoben die Köpfe, um die Eintretenden einer kurzen Musterung zu unterziehen, und wandten sich dann wieder ihren Papieren und den Teegläsern zu. Eine Treppe höher und durch zwei mit weiteren Angestellten besetzten Vorräumen öffnete ihnen der voraus schreitende El Hakim nach vorherigem Anklopfen die letzte Türe. Eine große, angenehm wirkende Gestalt erhob sich hinter einem Schreibtisch und stellte sich als Abdulmajeed Gharabally vor. Sie nahmen in einer

Sesselgruppe Platz, und tranken ein Gläschen Tee, dargereicht in der Größe von Schnapsgläsern, die, unablässig von einem Bediensteten aus einem Teekessel wieder aufgefüllt wurden. Während sie sich mit zu überbringenden Grüßen der Firmenleitung in Deutschland, der Anreise und einigen allgemeinen Informationen über die anstehende Bauabwicklung und Vorgehensweisen unterhielten.

Bereits in Deutschland hatte die Projektleitung Felix darauf aufmerksam gemacht, dass Gharabally, Nachkomme einer vor langer Zeit aus Persien eingewanderten einflussreichen Familie, über geschäftliche Verbindungen in alle Himmelsrichtungen verfügte und mit dem Emir auch privat in Kontakt stand. Ohne ihn und einigen anderen Persönlichkeiten des Landes seien Geschäfte überhaupt nicht möglich. Über die Höhe der zu zahlenden Provision wolle man sich lieber in Schweigen hüllen. Außer der unabdingbaren Geschäftsanbahnung auf diesem Wege sei man sicher, im Falle nicht vorhersehbarer Schwierigkeiten auch angemessen vertreten zu werden.

Nach dem siebten Gläschen Tee verabschiedeten sie sich und verbrachten den Rest des Tages in Begleitung von El Hakim mit dem Erkunden der Stadt, der Besichtigung der Meeresbucht am Persischen Golf, der nach einer kurzen Belehrung ab sofort Arabischer Golf hieß.

Die Neuangekommenen besichtigten die Geschäfte an der nicht überlangen Hauptgeschäftsstraße, die ausschließlich importierte Waren anboten – im Lande selbst wurde so gut wie nichts hergestellt – und den Goldbasar, in dem Gold zentnerweise ausgelegt war. Nicht etwa der europäische 585er-Schund – so die Meinung der Einheimischen – sondern 925er, unter dem taten sie es nicht. Die Händler hockten durchweg allein oder in kleinen Grüppchen auf ihren Sitzgelegenheiten, ließen unablässig ihre Perlenschnüre durch die Finger gleiten und tranken ununterbrochen Tee.

Das Grüppchen streiften sie allenfalls mal kurz mit Blicken und rührten im Gegensatz zu den häufig auf-

dringlichen Händlern von Basaren in anderen Ländern kaum einen Finger. Hier fand – zumindest dem
Augenschein nach – kein Konkurrenzkampf statt, geschweige ein Überlebenskampf. Die Geschäfte liefen,
wie sie liefen, Geld war im Überfluss vorhanden, es
gab keine stadtgroßen Slums, nicht ein einziger Bettler war zu sehen. Offensichtlich kaufte jeder, was er
kaufen wollte, und das ganze Geschehen spielte sich in
einem Beziehungsgeflecht ab, das alle Kreise konzent-
risch umschloss. Kaum einer der Einheimischen betä-
tigte sich im Sinne der in Europa üblichen Weise, man
ließ arbeiten, war jedoch im Handel, der bei großen
Geschäften hinter den Kulissen lief, äußerst aktiv, ohne
dass dabei Hektik erkennbar wurde.

Am Abend genossen die drei im hoteleigenen Restaurant den ihnen von El Hakim empfohlenen Platt-
fisch namens Subeidi aus dem Persischen, nein, dem
Arabischen Golf, wie ihm erneut unmissverständlich
mitgeteilt wurde, in Butter gebraten, eine echte Deli-
katesse.

Sie begaben sich früh zu Bett, wobei Felix am Folgemorgen von El Hakim abgeholt wurde, um dem
zuständigen britischen Bauberater des Kunden vorgestellt zu werden und eine erste Baustellenbesichti-
gung durchzuführen. Sarah, Julia und Susanne würden
den Tag im Hotel und in der Stadt verbringen, an ein
Strandleben internationalen Zuschnitts war in diesem moslemisch geprägten Staat nicht zu denken. Sie
durchfuhren den äußeren Stadtbereich und verließen
diesen in südlicher Richtung, immer parallel zur Küste
auf einer breiten Straße.

Und dann kam bis auf ein paar größere Bauten in
weiter Entfernung und Strandnähe so gut wie nichts
mehr außer dem Himmel und einem platt gewalzten,
steinig durchsetzten, knochentrockenen und beton-
harten Boden, über den der Wind strich, Staubfahnen
erzeugend, die gierig schräg über die vor ihnen liegende Fahrbahn fegten und ständig aus den weit umliegenden, in der Ferne auszumachenden Dünen Nach-
schub erhielten. Nichts von einer Wüste mit malerisch,

ästhetisch geformten Sanddünen, wie man sie auf Kalendern abbildet.

Eine Tankstelle tauchte am Fahrbahnrand auf, in der sich einige amerikanische Straßenkreuzer, aber auch zwei Mercedes auftanken ließen. Hier kam es wirklich nicht drauf an, ein paar Eimer Sprit mehr oder weniger lohnten das Hinsehen nicht und ließen keine Löcher im Portemonnaie entstehen. Für umgerechnet drei, vier Dollar, höchstens fünf unter Einschluss von Reservekanistern – je nach Fahrzeugtyp – und der Tank war bis zum Überlaufen voll. Man drückte dem indisch-pakistanischen Tankstellenpersonal, das zusätzlich noch den Wagen rundum kostenlos polierte, einen Dinar-Schein in die Hand, dachte nicht einen Augenblick über Wechselgeld nach, dreht um und donnerte wieder in die Wüste hinaus, vielleicht mal eben ein Trip von ein paar hundert Kilometern zu den Verwandten im Süden oder über die Nordgrenze in den Irak, um in Basra ein wenig mehr städtisches Leben zu genießen oder die Überreste von Babylon in Augenschein zu nehmen.

Nach einer ganzen Weile tauchten mal rechts, mal links der Straße im Eiltempo aus dem Boden gestampfte Siedlungen im Reihenhausformat auf, sämtlich ein- bis zweistöckig, die sich durchweg noch im Rohbauzustand befanden, um nach der Fertigstellung Baustellenpersonal, Spezialisten für die Ölförderung und Pipelines wie Mannschaften für den Betrieb der Raffinerien aufzunehmen. Felix und seine Begleitung bogen schließlich von der Hauptstraße in eine Seitenstraße ab, die schnurgerade auf den Golf zuführte.

Sie stoppten vor einem doppelflügeligen Tor mit Wachmannschaftsbesetzung und durften nach einer Gesichtskontrolle und Fragen nach dem Woher und Wohin den umzäunten Baustellenbereich passieren. Sie hielten vor einer Baracke, in der sich die Ingenieure des britischen Bauberaters langweilten. Vorstellen, ein paar freundliche Sätze hin und her und dann Baustellenbegehung auf einer teilweise mit Pfosten markierten Fläche, auf der nichts stand. Allgemeine Erklärungen und Hinweise mit in die Luft gestreckten Armen und Fingern, wo denn dereinst der Kessel, die Feuerung, die Gebläse, die Tanks, die Zu- und Ableitungen entstehen und verlaufen würden.

Etwas abseits der vorgesehenen Baufläche gab es noch etwas: ein Gebäude für die künftige deutsche Bauleitung, wo unter anderem Felix seinen Sitz haben würde. So eine Art mit Blechen gedeckte Lagerhalle von geschätzten zwanzig Metern Länge und zwölf Metern Breite. Sie schritten darauf zu, einer der englischen Ingenieure kramte einen Schlüsselbund aus der Tasche, hakte einige Schlüssel ab und übergab sie Felix. Der steckte frohgemut den Schlüssel in die Außentüre, öffnete diese, und wenn er geglaubt hatte, eingerichtete Büroräume zu betreten, so hatte er sich mächtig getäuscht. Er starrte in das gähnende Loch einer Lagerhalle ohne Zwischenwände, ohne Zwischendecke mit ungehindertem Blick bis zum Wellblechdach und hier und da auch darüber hinaus durch kleinere Löcher bis zum Himmel. Der Boden unsichtbar unter einer Deckschicht von so an die zwanzig Zentimetern feinstem Wüstensand, der durch alle Ritzen und Löcher im Laufe von Jahren hineingeweht worden war. Einrichtungsgegenstände gab es keine.

Er trat vor, schluckte und wischte sich über die Augen. Erinnerung an den Erstbezug des Hauses in Borampur in Indien kamen hoch, in dem es immerhin schon einen Turm aus Möbeln gegeben hatte, ansonsten waren nur die Dimensionen verschieden: dort ein Gebäude, hier eine Halle.

»Hier ist noch einiges zu machen«, bemerkte Cooper, der Leiter der englischen Truppe, »bevor sie richtig loslegen können.«

Wie recht der doch hatte, Felix gab schweigend, aber durch Kopfnicken zu verstehen, dass das Gesagte bei ihm angekommen war.

Er schloss die Türe und wurde in Richtung Hafenmole weitergeleitet, die zu klein war, als dass hier Seeschiffe ihre Ladung hätten löschen können. »Ein deutscher Taucher ist hier seit Wochen am Werk, den

136

Untergrund zu erkunden und der Hafenbehörde Bericht zu erstatten«, klärte Cooper auf.

»Natürlich ist mit der Fertigstellung des Hafens während der Bauzeit des Kraftwerkes nicht mehr zu rechnen, also landen alle Schiffe in Kuwait Stadt an, wo vom Schiff auf Lastwagen und Tieflader umzuladen ist, die die Baustelle bedienen. Erste Anlandungen, um die sich Herr El Hakim gekümmert hat, sehen sie rechts von der Mole, ihrem zukünftigen Großlagerplatz.«

Felix erblickte einen Riesenhaufen ineinander geschobenen Baustahls wie auch Träger und Profile, wohl für das Fundament und das Kesselgerüst, und wandte sich an den Chef der kleinen Truppe:

»Mir war in Deutschland gesagt worden, die Mole würde rechtzeitig fertig gestellt, um zügig und ohne Umleitungen die Baustelle beliefern zu können. Bedenken Sie, das gesamte Kraftwerk wird Stück für Stück aus Deutschland angeliefert. Zukäufe und Vorfertigungen hier vor Ort sind nicht möglich, im Basar können wir allenfalls ein paar Heftzwecken und den üblichen Einrichtungsramsch kaufen, kaum mehr. Das wissen Sie so gut wie ich. Da wird sich aber der in der nächsten Woche ankommende Bauleiter freuen. Abgesehen von einem nicht eingeplanten zusätzlichen Anlieferungsweg so um die fünfzig Kilometer, kommen mir Zweifel, ob vom Schiff aus für den Weitertransport zur Baustelle ausreichend Kapazitäten zur Verfügung stehen. Nachdem, was ich vorab hörte, stehen die hier im Lande tätigen europäischen Firmen in Bezug auf Hilfsgüter wie Dienstleistungen Schlange. Von den nicht unerheblichen Extrakosten will ich im Moment mal gar nicht reden. Was sagt denn das Industrieministerium dazu?«

»Tja«, wand sich Cooper der Leiter des englischen Teams an den Fragenden, »an Unterstützung ist da nicht viel zu erwarten. Der Kunde überlässt es Ihnen, anstehende Probleme jeglicher Art selbst zu lösen. Wir sind nur für die Bauüberwachung zuständig. Alles andere ist Ihr Bier, dafür werden Sie gut bezahlt.«

Das war sehr direkt, traf aber den Nagel auf dem

Kopf. Auch in Indien hatte Felix gleich seinen Mitstreitern vielfach allein gestanden, Unterstützung vom
Kunden war ihnen durchweg, wenn auch häufig nur
in unzureichendem Maße, zuteil geworden, auch wenn
der nicht immer helfen konnte.

Offensichtlich war das hier nicht der Fall. Irgendwie in dieser Sandbüchse auch verständlich, denn das
Land war von Grund auf im infrastrukturellen wie industriellen Werden begriffen. Die Geldschwemme in
Milliardenhöhe aus den Ölverkäufen war zwar in den
Schatullen der herrschenden Klasse schon länger angekommen, aber im infrastrukturellen Bereich bislang
kaum sichtbar geworden.

Die Baumaßnahmen und erst recht die Planungen
hielten mit dem Eingang des Geldes nicht Schritt. Im
Wesentlichen gab es, durchgehend geteert, nur die entlang der Küste führende Hauptverkehrsstraße jeweils
bis an die Grenzen der Nachbarstaaten Saudi Arabien
im Süden und dem Irak im Norden und davon rechts
und links ausgebaute Stichstraßen zur Raffinerie, zu
den Ölfeldern und den durchweg neuen Siedlungen,
überwiegend auf der östlichen Seite in Richtung zur
Küste.

Selbst die Hauptstadt Kuwait City war ein Mix aus
Abbruch und teils fertigen, teils noch in der Gründung
oder im Rohbau befindlichen Baumaßnahmen, lediglich die Straßen im innerstädtischen Bereich bis an die
unmittelbare Küste waren asphaltiert, während bereits
kurz hinter dem Zentrum Sand und Schotter oder allenfalls ein asphaltierter Streifen den Straßenbelag dar-
stellten.

Dass hier das Öl nicht immer geflossen sei, gab der
Emir von Kuwait an einem Feiertag bei Gharaballys
von sich, bei der Felix am unteren Tischende mit weiteren Gästen sitzen durfte. Er, der Emir, könne sich
noch daran erinnern, dass die nicht mehr existierenden
Stadttore bei Sonnenuntergang geschlossen wurden,
wobei verspätet aus der Wüste herangezogene Karawa-
nen keinen Einlass mehr fanden und vor den Toren
nächtigen mussten.

Felix und El Hakim machten sich wieder auf den Rückmarsch zum Büro der Bauüberwachung, nahmen Platz und ließen sich mit Tee bewirten.

»Einen Punkt haben wir noch«, hob Cooper erneut an, »Sie wissen, dass wir mit ihrer Firma die Übernahme eines Chevrolet aus unserem Fuhrpark vereinbart haben. Sie sind sicher noch ohne eigenes Fahrzeug und können, wenn es Ihnen passt, den Wagen gleich mitnehmen«.

Felix und Begleitung verabschiedeten sich, nach dem Motto »Bis die Tage« und bestiegen ihre Fahrzeuge, El Hakim seinen europäischen Wagen, Felix den amerikanischen »Panzer«. Der sprang auch sofort an und schlich durch das Eingangstor, dabei wiegte er sich selbst bei kleinsten Richtungsänderungen auf der Straße hin und her, so dass Felix den Eindruck hatte, die Räder liefen mal links, mal rechts neben der Innenkabine und kämen erst mit Verzögerung in die gewünschte Fahrtrichtung. Hier waren offensichtlich die Stoßdämpfer nicht in Ordnung, vielleicht auch gar nicht vorhanden, aber irgendwie kam er vor dem Hotel an.

Sarah hatte sich mit den Kindern im Laufe des Tages in der Stadt umgesehen, einen Spaziergang zum Hafen gemacht, im Restaurant des spärlich besetzten Hotels gegessen und ausgiebig Mittagsruhe gemacht. Touristen gab es hier nicht, lediglich Geschäftsreisende aus allen möglichen Ländern, die darum kämpften, sich an dem Ölkuchen ein möglichst großes Stück zu sichern.

Viel mehr konnten Sarah, Julia und Susanne in den noch vor ihr liegenden Tagen nicht unternehmen; eine Wohnung, um die sich die Vertretung in Erwartung von dreißig deutschen Mitarbeitern längst hätte kümmern können, war nicht in Sicht.

Die kommenden Tage verstrichen dennoch recht schnell, und dann landete auch schon der Bauleiter in Begleitung von Frau und Tochter, etwas älter als Julia: Herr Schnippelkötter nahm die von Felix gesammelten Eindrücke zur Kenntnis und ging gleich am Folgetag

forsch zu Werke. Er ließ sich auch durch geplatzte Illu-
sionen und einigen Fehlanläufen, die in Deutschland
nicht unbedingt zu erwarten gewesen wären, nicht
bremsen, das war auch gut so, sonst hätten die beiden
Familien gleich ihre Koffer wieder packen und nach
Deutschland fliegen müssen, um dem lieben Gott die
Ausführung des Bauvorhabens zu überlassen.

In der Tat war manches deprimierend, vor allen
Dingen dann, wenn von der Vertretung längst fällige
Anträge und Genehmigungen nicht gestellt bzw. eingeholt worden waren, und sich Gespräche beim Kunden darin erschöpften, lediglich Höflichkeiten ausgetauscht und nicht zu zählende Gläschen Tee getrunken
zu haben.

Felix mit Familie ließ sich, als provisorisch gedachte
Erstbleibe, im Zentrum von Fahaheel nieder, einer an
der Küste gelegenen Siedlung mit einer überschaubaren Anzahl von Häusern, verteilt auf ein paar Blocks,
einer kleinen Geschäftsstraße mit kaum mehr als einem halben Dutzend Geschäften, darunter ein bis zur
Decke vollgestopfter Möbelladen und einem Frisör.

Die Wohnung befand sich im höchsten Gebäude
des Ortes, in Längsrichtung zum Strand aufgestellt,
von dem man auf den kleinen Hafen herunterblickte,
an dessen Mole in unregelmäßigen Abständen Motor-
boote auftauchten, die frisch gefangenen Fisch herein-
brachten oder Perlmuscheln, wobei sich Felix in Begleitung der Familie gleich den Fischern auf die Mole
hockte, einen Preis aushandelte und seine Auswahl unter den Muscheln traf, die, von den Fischern mit einem
Messer geöffnet, ihre Schätze preisgaben. Durchweg
Miniperlen, ganz selten ein etwas größeres Exemplar.
Das war immerhin ein gewisser Unterhaltungswert,
nicht aber der aus dem Hofbereich bis in die frühen
Morgenstunden heraufdringende Lärm.

Die Zeit des islamischen Fastens war gekommen, und
nach Sonnenuntergang wurden die herbeigezehrten
Ziegen mit einem Schnitt durch die Kehle im Hof ge-
schlachtet, die herausgeschnittenen Fleischstücke über

einem offenen Feuer gebraten und bis tief in die Nacht gegessen und getrunken, was das Zeug hielt. Die daran Beteiligten erschienen am folgenden Morgen in geschrumpfter Kopfzahl auf den Baustellen, den Chefs zu erklären, sie seien in ihrem geschwächten Zustand aufgrund des Fastens nicht in der Lage zu arbeiten.

Dass die Fastenzeit zu einem Beinahe-Stillstand der Baustellen führen würde, war vorher schon bekannt geworden, und musste wohl oder übel in Kauf genommen werden.

Für das europäische Personal galt, nicht in der Gegenwart eines Fastenden oder gar in der breiten Öffentlichkeit zu essen oder zu trinken, um nicht durch schlechtes Beispiel die Leidenden zu verführen. Das war in diesen Tagen dem Engländer einer benachbarten Firma zum Verhängnis geworden, der, ahnungslos rauchend, am Steuer seines Wagens angetroffen worden war. Die Polizei hatte ihn gleich einkassiert und für einen Tag ohne Zigaretten im Kalabush ruhig gestellt.

Gleichauf mit der Wohnungssuche beschafften sich die beiden Pionier-Familien je einen funktionstüchtigen Wagen, denn Beweglichkeit war alles in diesem Land. Es gab keine öffentlichen Verkehrsmittel, lediglich Busse für den Mannschaftstransport der Firmen von den Häusern zum Einsatzort. Den Chevrolet verscherbelten sie ganz schnell an einen Gebrauchtwagenhändler.

Gleich am Folgetag machte sich Felix nach einer langwierigen Besprechung mit den englischen Beratern unter anderem über die permanent gesicherte Bereitstellung von Wasser und Strom für die Baustelle, was in diesem Land absolut keine Selbstverständlichkeit war, auf, um einen weiteren Anlauf in dieser Angelegenheit beim Ministerium für Electricity and Water zu unternehmen.

Endlich fast angekommen

Die neue Wohnung, wie bei allen Bauten dieser Art, durchweg von Kuwaitis bewohnt, waren räumlich großzügig angelegt. Der von Mauern umgebene gepflasterte Innenhof umschloss das ganze Gemäuer, man passierte eine Anzahl von Stufen zu einer vierflügeligen Eingangstüre und betrat das Treppenhaus in der Größe eines Saales, groß genug, um eine Feier mit vierzig bis fünfzig Personen abhalten zu können.

Auch der Sommer war inzwischen eingekehrt. War es in den Vormonaten schon heiß gewesen, zeigte die Sonne in diesen Tagen, wozu sie imstande war. Die Tagestemperaturen lagen jetzt ständig im über 40er-Temperatur-Bereich, die Luftfeuchtigkeit erreichte neunzig und mehr Prozent.

In den ersten Morgenstunden bot sich oftmals der Arabische Golf den Blicken als eine von Sand umgebene, mit Blei gefüllte Badewanne dar, die ohne Wellenschlag in sich zu ruhen schien, und erst später über den unterschiedlichen Tiefenbereichen Grün- und Blautöne erkennen ließ.

Wendete man den Kopf vom Dach des zweigeschossigen Gebäudes landeinwärts, flimmerte die aufkommende Hitze über eine bis irgendwo zum Horizont reichende ebene, gelb-braune sandige Fläche, die außer den näher und weiter unregelmäßig verstreuten Häusern den Blicken nirgendwo einen Festpunkt entgegenzusetzen hatte.

Nach einer erfrischenden Dusche und dem Frühstück lief Felix in diesen Tagen wie vor eine hitzedurchtränkte Wand. Der geparkte Wagen war schon morgens ein Backofen, und noch vor Erreichen der Bank in Fahaheel, kaum fünfhundert Meter von der Wohnung entfernt, war das frische Hemd bereits sichtbar durchgeschwitzt.

Ein Aufenthalt draußen war für alle Mitarbeiter wie für die Familien eine Zumutung, so dass sich jeder,

der konnte, in klimatisierten Räumen aufhielt. Allenfalls am frühen Morgen ein kurzes Bad im Meer, ohne auch das Gefühl aufkommen zu lassen, sich in diesem Schlabberwasser erfrischt zu haben, und die Einkäufe am späten Nachmittag oder besser nach Sonnenuntergang. Selbst dann blieb es, gleich durchgehend die ganze Nacht bis zum nächsten Tag, unangenehm heiß, bis die Morgensonne unmittelbar nach ihrem Erscheinen noch eins draufsetzte.

Im Ortsbereich von Fahaheel hatten sich auch zwei große Häuser mit zwei Dutzend Zimmern für das im Anmarsch befindliche deutsche Führungs- und Überwachungspersonal gefunden.

El Hakim war eines Tages mit stolz geschwellter Brust auf der Baustelle erschienen, die frohe Botschaft zu verkünden, und hatte Schnippelkötter wie Felix gebeten, am Abend des gleichen Tages mitzukommen, um über den Mietvertrag mit dem Eigentümer zu verhandeln, der zu diesem Zeitpunkt das Anwesen mit seiner Familie noch selbst bewohnte. El Hakim war vorangeschritten, hatte in bereits zehn Metern Entfernung unter vielen höflichen Verbeugungen den künftigen Vermieter begrüßt, dessen rechte Hand mit beiden Händen und geneigtem Kopf umfasst und nach Austausch von für Schnippelkötter und Felix nicht Verständlichem die beiden herangewinkt.

Beim Betreten des großen Empfangssaales im Obergeschoss verschwand in letzter Sekunde die ganze Töchterschar hinter Vorhängen zu den rückwärtigen Räumlichkeiten, hier und da war noch ein Kichern zu hören, noch einmal bewegte sich einer der Vorhänge, zwei dunkle Kinderaugen halb überdeckt mit einer schwarz herunterhängenden Locke und in Kinnhöhe vorgehaltenem Schleier erschienen. Der Hausherr bellte ein paar Kommandos, und der sichtbar gewordene Teil des Gesichts verschwand blitzartig. Wie gern hätte die Mädchenschar die Fremdlinge ungehindert gemustert. Stattdessen kam ein junger Mann mit einem Tablett, verbeugte sich und stellte ungefragt bei jedem der vier ein Gläschen Tee ab.

Der große Raum war völlig unmöbliert, der Boden jedoch mit zwei Dutzend Sitzkissen ausgestattet, auf dem sich die Versammelten mit ausgestreckten Beinen, halb liegend, niederließen. Bevor auch nur das erste Wort fiel, hatte jeder zu seinem Teegläschen gegriffen und richtete den Blick auf den Hausherrn, der sich an El Hakim wandte und eine lebhafte Unterhaltung mit freundlichem Nicken und allerlei Gesten begann.

Das währte so ein gutes Viertelstündchen, bis sich El Hakim an Schnippelkötter und Felix mit der frohen Botschaft wandte, die begehrten Räume einschließlich der zukünftigen Gemeinschaftsküche könnten zu einem annehmbaren Preis gemietet und schon in etwa einer Woche in Beschlag genommen werden, selbstverständlich unmöbliert. Die Beschaffung der Einrichtungen aus dem Bazar sei kein Problem.

Gleich am Folgetag sah sich Felix im Bazar um und tauchte in das unvermeidliche Palaver mit den Händlern ein, teilweise in Englisch, und wenn das nicht ankam, zusätzlich zum Zwecke der Preisfindung mit von dem jeweiligen Händler auf einem Stückchen Papier geschriebenen arabischen Zahlen, die er, da in der Regel zu hoch, durchstrich und durch eigene Vorstellungen ersetzte.

Irgendwann zwischen den Teegläschen wurde man sich einig und grinste sich gegenseitig listig an. Zwei Dutzend Bettgestelle beim Anbieter von links, die gleiche Anzahl Matratzen vom Händler nebenan und ebenso viele Kommoden, Schränke, Läufer, Gardinenstangen, Vorhänge, Nachttischlämpchen und Spiegel aus allen Ecken des Händlerviertels, dazu dutzendfach die erforderliche Anzahl an Betttüchern und Kopfkissen einschließlich eines Berges an Kleiderbügeln.

Immerhin hatte Felix erreicht, dass der ganze Einrichtungswust bis zu einem offenen Sammelplatz, außerhalb des Bazars und im Preis inbegriffen, angeliefert wurde. Diebstahlgefahr bestand nicht, denn niemand riskierte, gleich die Hand oder gar den Arm abgehackt zu bekommen, auch wenn in Kuwait, soweit bekannt, im Gegensatz zum benachbarten Saudi Arabien derartige Brutalstrafen kaum angewandt wurden. Angesichts des zusammengetragenen Einrichtungsberges konnten umgehend die nächsten Verhandlungen mit den Transporteuren aufgenommen werden. Auch hier wurden sie sich unter Einsatz der Gliedmaßen nach erneutem Palaver handelseinig, Felix überwachte die Verladung auf die bereit gestellten Kleinlaster, setzte sich mit seinem Wagen wegweisend an die Spitze der Kolonne und tuckerte bei mittlerer Geschwindigkeit auf der Küstenstraße dem Ziel in Fahaheel entgegen.

Bei der Ankunft gab es dann erneut Palaver, als die Transporteure das Frachtgut schlicht in den Wüstensand vor dem Gebäude absetzen und verschwinden wollten. Aber da blieb Felix hart, musste zwar das Portemonnaie erneut zücken, um einige Scheinchen locker zu machen, aber dann lief alles reibungslos – fast.

Mit dem letzten Schiffstransport aus Deutschland waren drei Dutzend Kühlschränke für die Wohnungen und Büros angeliefert worden, obgleich man sich das angesichts der Transportkosten hätte ersparen können, denn hier vor Ort waren sie kaum teurer.

Einer der deutschen Monteure hatte sich in Abwesenheit von Felix um den Transport vom Schiff zu den jeweiligen Verwendungsstellen gekümmert und dabei den Dingen ihren Lauf gelassen, ohne nach vollbrachtem Tun noch einmal hinzusehen. Als Felix jetzt bei der Anlieferung des Eingekauften die Räume betrat, stutzte er: Zwei Dutzend 180-Liter-Kühlschränke standen in den Zimmern auf dem Kopf, warum auch nicht, die sahen von vorne, oben wie unten, fast gleich aus. Wie sollten denn die tätig gewesenen Hilfskräfte aus dem Mittleren Osten und hier im Lande Schaffenden wissen, was richtig oder falsch war. Garantiert war keiner von ihnen jemals in der richtigen Aufstellung von Kühlschränken im Abendsemester einer Volkshochschule unterwiesen worden.

Nachdem auch das überstanden war, konnte das Einfliegen der ersten Fach- und Führungskräfte aus

Deutschland beginnen, die sich sofort nach Eintreffen intensiv ihren Aufgaben zuwenden sollten, denn die Unterbringungsfrage war zufrieden stellend gelöst – oder doch nicht?

Als die Häuser für die Unterbringung des Personals zu etwa drei Viertel belegt waren, erschien der kuwaitische Eigentümer mit El Hakim als Dolmetscher auf der Baustelle und verlangte die Bauleitung zu sprechen.

»Zu meinem großen Bedauern muss ich Ihnen mitteilen«, hob er an, »dass meine Nachbarn mit der Belegung der beiden Häuser nicht einverstanden sind. Ich muss Sie bitten, die Häuser wieder aufzugeben. Bis wann, glauben Sie, kann die Räumung erfolgen sein?«

»Warum denn das?«, ließ sich Schnippelkötter aufgeregt vernehmen und an den Dolmetscher gerichtet: »Ist irgendetwas vorgefallen? Und wieso haben die Nachbarn ein Mitspracherecht?«

Der Angesprochene wandte sich erneut dem Eigentümer zu, der, so schien es, sich drehte und wand und nicht so recht mit der Sprache herausrücken wollte.

»Sicher«, ließ sich schließlich der Eigentümer vernehmen, »haben die Nachbarn kein Mitspracherecht, aber um allem Ärger mit diesen aus dem Wege zu gehen, ist die Aufhebung des Mietvertrages unumgänglich. Ich muss im Gegensatz zu Ihnen auch in Zukunft mit meinen Landsleuten zurechtkommen.«

»Der Grund«, brachte El Hakim die Angelegenheit endlich auf den Punkt, »liegt darin, dass die Umgebung keine geballte Christenschar in ihrer unmittelbaren Nähe duldet.«

»Dann ist ja alles klar«, schaltete sich Felix jetzt ein, »dann kann ja die Wohnsuchparty weiter ihren Lauf nehmen. Wir haben ja nichts anderes zu tun. Notfalls lassen wir Zelte kommen und schlagen unsere Quartiere in der Wüste auf. «

Dass die Europäer vor allem bei der einfachen Bevölkerung nicht immer willkommen waren, hatten Sarah und Felix auch schon erleben müssen, als sie während eines Abendspazierganges zwischen den Häusern von einer Kinderschar mit Steinen beworfen worden waren.

Als das Ausschaufeln des Sandes aus dem vorgesehenen Baubüro mittels einer Kolonne von Helfern abgeschlossen war, hatten sich Handwerker der verschiedensten Kategorien ans Werk gemacht, Leitungs- wie Abwasserrohre verlegt, Strippen für den Strom gezogen, Holzwände zwischen den vorgesehenen Büros eingebaut und mit Decken versehen, die Fußböden hergerichtet und Klima-Anlagen eingebaut.
Stühle, Schreibtische, Schränke und Regale sowie die gängigen Büro-Utensilien konnten erworben und herangeschafft werden, wobei Felix immer mal wieder belustigt zur Kenntnis nahm, dass selbst den gewieften Bazar-Händlern so einiges seitens europäischer Lieferanten untergeschoben worden war, wozu entweder nur ein geringer oder überhaupt kein Bedarf bestand. Kurz Ladenhüter, die die Verkaufsräume vielleicht auf Jahre hinaus zieren würden, so zum Beispiel Bademoden für die kuwaitischen Damen, die im allgemeinen weder sonnend am Strand noch im Wasser des Golfs anzutreffen waren, lediglich hier und da, von Kopf bis Sandale verhüllt, irgendwie orientierungslos über den Strand pendelten oder in voller Montur bis höchstens zu den Knien bewegungslos im Wasser standen.
Ein Auftreten in knapp bemessener europäischer Bademode hätte mit Sicherheit einen Bürgerkrieg verursacht.
Im lokalen Angebot fanden sich sowohl warme, wollene Mützen als auch pelzgefütterte Jacken wie Handschuhe, in denen nie ein Kuwaiti, klimatisch bedingt, gesichtet werden würde. Ob ein ganzes Lager voller Gartenmöbel ausreichend Abnehmer finden würde, war äußerst fraglich, denn lieber versteckte man sich gegenüber Fremden und Nachbarn hinter Mauern mit fast ausnahmslos kahlen, in keiner Weise ausgestatteten Innenhöfen, aus denen oftmals die Geräusche nicht weniger spielender Kinder drangen, und ging auch gerne der Sonne aus dem Wege.

Der Oberbauleiter des Partnerunternehmens lud in diesen Tagen zu einer ersten Party in die Räumlichkeiten seiner übergroßen Wohnung ein, wobei alle von der mittleren Führungsschicht bis hin zu den Spitzen der Projektleitungen berücksichtigt wurden. Sarah und Felix hatten die beiden Kinder bei einer befreundeten Familie untergebracht, die an diesem Abend eigene Gäste bewirtete.

Schon kurz nach der Begrüßung aller Geladenen gab Oberbauleiter Steinmüller seine Wohnung zur Besichtigung frei, im Grunde genommen eigentlich nur einen Raum von besonderer Ausstattung.

Nach Öffnen der Türe glaubten die Gäste ihren Augen nicht zu trauen, als sich ihnen eine komplett eingerichtete Schnapsfabrik darbot. Da standen Kessel, Behälter und Glasballons verschiedener Größen, verbunden mit Röhren, auf dem Boden wie auf Regalen und Tischen und dazu die Rohmaterialien in Kanistern und Dosen. Und hier und da zischte und gluckerte es. Nicht ein Wort fiel, denn mit so einer Frechheit in diesem streng dem Alkoholischen abgeneigten Land hatte niemand gerechnet. Nicht auszudenken, was bei einer Entdeckung seitens der kuwaitischen Behörden passieren würde. Vielleicht lebenslänglich?

»Ich lass mir doch von denen nicht den Spaß verderben«, sagte Steinmüller. »Diejenigen, die das Alkoholverbot verordnet haben, haben den Keller voll. Entweder sind die selbst entsprechend organisiert und/oder steigen in das nächste Flugzeug nach Bahrein und kommen abends vollgetankt zurück.«

Das war locker zu bewerkstelligen, wie Felix selbst bereits auf einer Fahrt nach Manama auf Bahrein festgestellt hatte. Flugzeit: Eine Zigarettenlänge hin, eine Zigarettenlänge zurück.

»Alles per Schiff in Kisten und Containern angelandet«, unterrichtete Steinmüller die Staunenden weiter, »habe mich selbst noch in Deutschland darum gekümmert. Was darf's sein? Vielleicht einen milden Obstler für die Damen, wenn's recht ist, und für die Herren eventuell einen Klaren als Ouvertüre? Bier,

Gin, aber auch Whisky sind ausreichend vorhanden. Dann man prost!«

Alles was Steinmüller im Schnellverfahren nicht hatte herstellen können, war auf dem gleichen Wege wie die Ausrüstungen an Land gebracht worden. Aber nicht nur er, niemand musste unter Trockenheit leiden.

In den offiziellen, auch dem Kunden vorzulegenden Versandpapieren waren die international üblichen Hinweise, wie »Erhöhte Bruchgefahr« oder »Mit Vorsicht handhaben« teilweise bei Positionen markiert, bei denen sich solche Hinweise erübrigten. Mit dem Stammhaus in Deutschland waren absprachegemäß gezielt eingesetzte Ausrufezeichen in der Inhaltsbeschreibung der Kollilisten. Solche Kolli, keine Frage, wurden von der Baustellenmannschaft als erste entladen wie geöffnet. Da kam so manches Fläschchen zum Vorschein bis hin zu Bierfässern, die sich nach Entfernung der Verschlussdeckel an den Enden der großen Rohre offenbarten.

Die Gäste auf Steinmüllers Party waren begeistert und die Stimmung an diesem Abschnitt des Arabischen Golfs erreichte ihren Höhepunkt, nachdem er die ganze Schar überzeugt hatte, von jedem der dargebotenen Köstlichkeiten wenigstens ein Gläschen, eventuell auch nur ein halbes, zu probieren. Mit zunehmender Verkostung der Raritäten öffneten sich die Herzen der um mehrere Tischchen gruppierten Gäste, und so mancher Seelenschmerz trat zu Tage. Aber auch von Wichtigem, den Zuhörern bislang nicht Bekanntem aus Firma und Familie, gab es zu berichten.

Kein Nachwuchs in der Wüste – oder?

Inzwischen hatte sich das Leben der Deutschen privat wie im dienstlichen Bereich fast reibungslos eingespielt. Die Erfahrungen brachten es mit sich, die Dinge in anderer Weise anzugehen als von zuhause her gewohnt. Nachreisende Spezialisten für das eine oder andere Gewerk wurden wie die von Anfang an an Ort und Stelle Befindlichen, die ihre Lehrzeit hinter sich gebracht hatten, schnell auf den Boden des in diesem Land Machbaren zurückgeführt.

Mit einer Forderung, die da lautete »Sofort!«, ließ sich im Allgemeinen wenig anfangen. Man lief dabei Gefahr, als unhöflich angesehen zu werden und sich eher eine Verschleppung des Gewünschten einzuhandeln, auch wenn vertraglich gerechte Ansprüche vorlagen. Papier ist bekanntlich geduldig, und wer wollte schon riskieren, ins Fettnäpfchen zu treten und das Ministerium, mit dem man ständig zu tun hatte, zu verärgern, wenn man erhoffte, auch beim nächsten Großauftrag berücksichtigt zu werden.

Die klimatischen Bedingungen blieben im Sommer auf Monate hinaus unverändert und zwangen regelrecht dazu, wo immer sich die Möglichkeit bot, in Deckung zu gehen.

In Süd-Indien war es in dieser Hinsicht auch nicht leicht gewesen, aber hier hatten die Gegebenheiten aufgrund der ständig bis an die Grenze gehenden Luftfeuchtigkeit in Verbindung mit der herunterknallenden Sonne unzweifelhaft noch eine Steigerung bereit gehalten.

Dazu kamen Sandstürme, die nicht nur die Sicht bei Fahrten mit dem Auto stark beeinträchtigten, sondern dazu zwangen, die sonst stets offenen Seitenfenster zu schließen mit dem Resultat, dass das Wageninnere den Bedingungen in einer Sauna gleichkam. Schon nach kaum angetretener Fahrt war die Kleidung von oben bis unten schweißdurchnässt, und Klima-Anlagen gab es in den Baustellenfahrzeugen immer noch nicht.

Schon nach sechs Monaten waren die Frontscheiben der Fahrzeuge vom auftreffenden Sand abgestrahlt und wiesen nicht zu zählende winzige Einschlagkrater auf, so dass sich das Licht entgegenkommender Wagen bei Fahrten in der Dunkelheit darin brach und die Fahrer vollständig geblendet wurden. Nach und nach mussten sämtliche Frontscheiben des mittlerweile gewachsenen Fuhrparks ausgewechselt werden. In Verbindung damit waren die Vorderseiten der Autos teilweise bis auf das blanke Metall abgeschmirgelt.

Außerhalb der eigenen Unterkunft und der von Kuwaitis bewohnten Zone traf man sich von Zeit zu Zeit an Wochenenden an einem einsamen Strand im Süden des Emirats, wo sich die männlichen wie weiblichen Teilnehmer ungestraft in Badekleidung zeigen konnten. Diese Treffen dauerten in der Regel kaum mehr als ein paar Stunden, an Sonnenbaden war nicht zu denken, auf den Gedanken, einen Grill mit zusätzlicher Hitzeabstrahlung anzuwerfen, kam keiner, und auf dem eigentlich recht annehmbaren Sandstrand lagen die Überreste von Rotfeuerfischen und Rochen herum, bei deren Anblick sich der eine oder andere fragte, ob er überhaupt ins Wasser gehen sollte.

Mit unverhohlener Schadenfreude erinnerte sich Felix an einen solchen Tag am Strand, als zum Aufbruch geblasen worden war. Mit Sarah, Julia und Susanne an Bord hatte er den Wagen vom Strand weg gewendet und war prompt auf dem durch Reifenspuren gekennzeichneten Pfad zur Küstenstraße hin in einer nicht sichtbaren, untergründigen Sandwanne stecken geblieben. Schnippelkötter war, ölig grinsend, hinzugetreten und hatte von sich gegeben:

»Typisch, das kann ja wohl nur einem Kaufmann passieren«, dann aber mit Hilfe der Damen, kräftig schiebend, angepackt, bis der Wagen auf tragfähigerem Untergrund stand.

Felix war langsam voran gefahren, um die Nachfolgenden aufschließen zu lassen, aber da kam keiner. Er hatte gewendet und war zu Schnippelkötter zurückgefahren, den er mit grimmigem Gesicht neben seinem, ebenfalls in einer Sandwanne stecken gebliebenen Wagen stehend angetroffen hatte.

»Tja«, gab Felix von sich, »ich habe es schon länger geahnt, aber immer schamhaft verschwiegen, das deutsche Ingenieurmaterial ist auch nicht mehr das, was es einst war. Gott sei Dank, dass das die Kuwaitis noch nicht wissen.«

Schnippelkötter mit hochrotem Kopf hatte darauf bis auf ein kurzes Schnaufen nicht eine einzige Regung von sich gegeben.

Immer wieder gab es in der Freizeit auch Fahrten in die offene Wüste nach Westen. Die der Mannschaft zur Verfügung stehenden Verkehrsmittel waren allesamt normale Straßenfahrzeuge, mit denen man sich mangels Vierradantrieb nicht in durchgehende Sandwüste, geschweige Sanddünen wagen konnte.

Beim Durchforschen der nächstgelegenen Flachzonen auf der Suche nach Sandrosen starteten Felix und Begleitung mit Anlauf von der Straße, glitten über die Sandflächen, ohne auch nur einen Augenblick anzuhalten, bis ein vom Wind glatt gefegter, den Sand ringsum leicht überragender Huckel gesichtet wurde, die unregelmäßig verstreut in der Gegend anzutreffen waren, durchweg nur ein paar Quadratmeter groß, und auf deren steinhartem Untergrund abrupt abgebremst werden musste, bevor der Wagen in den nachfolgenden Sand schlidderte. Hier konnte der Wagen nicht einsinken, und die Forschergemeinschaft schwärmte mit hängenden Köpfen in alle Richtungen aus, den Boden nach dem Gesuchten zu sichten und bei Verdacht auf eine erfolgreiche Entdeckung zu durchwühlen.

Eines Morgens kam Gharabally Felix an der Tür entgegen, begrüßte ihn herzlich, erkundigte sich nach dem Fortgang der Baustellen-Angelegenheiten und bewirtete ihn reichlich mit Tee. Nach dem Vorgeplänkel –

man konnte nicht gleich mit der Tür ins Haus fallen – gab Felix Kunde von einem erneut bevorstehenden Ereignis, wobei Gharabally ihm fast ins Wort fiel, um zu vermelden, auch er und seine Frau sähen einem solchen Höhepunkt entgegen.

»Ich rechne fest mit der Geburt eines weiteren Sohnes, Sie doch sicher auch?«

»Ein Sohn«, sagte Felix, »wäre zu begrüßen, zumal wir, wie Ihnen bekannt, schon zwei Töchter haben. Mal abwarten, wir können den Lauf der Dinge schließlich nicht beeinflussen.«

»Als Hospital für die Entbindung kommt nur die Al Mowasat Klinik infrage«, fuhr Gharabally fort. »Sie liegt hier drüben«, er ging zum Fenster und zeigte mit gestrecktem Arm auf einen großen Bau jenseits der Bucht, »ist berühmt und im ganzen Vorderen Orient bekannt. Hier wirken Professoren von internationalem Ruf, auch die Herrscherhäuser rundum gehören zur Klientel. Sie können sich mit ihrer Frau, wenn sie wollen, erst einmal selbst ein Bild machen. Ich bin jederzeit bereit, Kontakt mit den besten Ärzten herzustellen, an die Sie sich zwecks Terminabsprache und späterer Entbindung wenden können.«

Beide versprachen sich gegenseitig die Daumen zu drücken, und Gharabally sicherte zu, bei weiter aufkommenden Fragen oder gar Schwierigkeiten jederzeit ansprechbar zu sein.

Sarah und Felix hatten nach vorheriger Abstimmung und Anmeldung in Begleitung von Gharabally der Al Mowasat Klinik einen Besuch abgestattet, waren einem der dort tätigen Ärzte vorgestellt worden, der sie durch die Abteilungen führte und die Ausstattung mit modernsten Geräten aus Europa vorführte. Die angeratenen Voruntersuchungen wurden besprochen und die Termine dafür festgelegt.

Eines Nachts war es dann soweit. Sarah mit hinreichend Erfahrung weckte Felix aus dem Tiefschlaf, der die bereit gestellte Tasche an sich nahm und Sarah zum Wagen führte. So an die vierzig Kilometer waren auf der zu dieser Zeit totenstillen Küstenstraße zurückzulegen, dann war die Klinik erreicht. Felix verbrachte die Zeit in einem Warteraum, und als sich bis zum frühen Morgen nichts ereignet hatte, begab er sich zum Haus zurück, um am Nachmittag wiederzukommen. Nach seiner Rückkehr kam ihm eine fahrbare Liege entgegen, gefolgt von dem ihnen inzwischen vertrauten Professor, der ihm fröhlich zurief:

»Ein Mädchen! Sieht aus wie Ihre älteste Tochter!«

Sarah hatte die Geburt gut überstanden und wurde in ihr Zimmer zurücktransportiert, wo sie bestens untergebracht wie versorgt wurde und den Neuerwerb ständig im Auge behalten konnte.

Blumen gab es diesmal nicht: Von Blumengeschäften keine Spur, ein Stadtpark, aus dem Felix sich vielleicht hätte bedienen können, existierte nicht, und Gärten waren nirgendwo zu entdecken, vielleicht hier und da hinter hohen Mauern der Häuser der Kuwaitis im Bescheidenen zu vermuten. Der an der nach Süden führenden Ausfallstraße in Abständen angepflanzte Oleander wurde täglich von neben Tankwagen herlaufenden Straßenarbeitern aus dicken Feuerwehrschläuchen bewässert, musste sich nur mühsam im immer wieder niedergehenden Sandregen behaupten und anstandshalber geschont werden.

Nach einer guten Woche holte Felix Sarah und Töchterchen aus der Klinik ab. Wenige Tage später schon tauchte Gharabally auf und beglückwünschte Felix mit einem süffisanten Lächeln, nein, mit einem süffisanten leichten Lachen zu seiner dritten Tochter, so etwa der Mimik nach zu urteilen:

»Na ja, immerhin!« Nicht vergessen werden sollte, dass er als Geschenk für die Mutter drei Goldarmreifen mitgebracht hatte.

Es dauerte keine vierzehn Tage, als Schnippelkötter von einer Besprechung gegen Mittag zurückkehrte und Kunde davon gab, Frau Gharabally habe ebenfalls eine Tochter zur Welt gebracht.

Gleich am nächsten Morgen begab sich Felix zwecks Besorgungen auf die Fahrt nach Kuwait und strebte zuerst in Gharaballys Büro. Er fiel dem erneut Vater Gewordenen nach seinem Eintritt in den Arm und gratulierte ihm auf das Herzlichste. Das war schon Strafe genug; Felix verzichtete auf ein niederträchtiges Grinsen und jeglichen Kommentar, um den am Boden liegend Trauernden nicht in noch tiefere Depressionen zu stürzen.

»Was ist mit der Anmeldung der Staatsangehörigkeit?«, fragte Felix Sarah in diesen Tagen: »Die deutsche Staatsangehörigkeit können wir im Konsulat – eine offizielle deutsche Botschaft gab es in Kuwait noch nicht – einreichen. Die kuwaitische lässt sich ebenfalls mit großer Aussicht auf Erfolg beantragen. Du weißt: Jedem Neugeborenen Kuwaiti steht vom Staat ein kostenfreies Haus zu, die Erziehung in Kindergärten und Schulen einschließlich aller Unterrichtungsmaterialien ist kostenlos, die medizinische Versorgung einschließlich aller Medikamente ebenso und das bei einem Benzinpreis von fünf Pfennigen pro Liter.« Und fügte noch lachend hinzu: »Allerdings ist das Trinkwasser deutlich teurer: Sieben Pfennig pro Liter.«

»Im Grunde genommen, wäre mir das egal«, entgegnete Sarah. »Allerdings könnten bei zwei Staatsangehörigkeiten in einer Familie und auch im Hinblick auf spätere Zeiten jetzt noch nicht absehbare Komplikationen auftreten. Lassen wir das mal lieber! Aber interessant ist das Gedankenspiel darüber auf jeden Fall.«

Nachdem das geklärt war, stand als nächste Frage an, wo man den Neuzugang taufen könne. Christliche Kirchen gab es im Lande nicht, aber Sarah wie Felix hatten über interne Kanäle, die sich vornehmlich bei diversen Partys öffneten, von der Existenz eines spanischen Priesters gehört, der in der Gegend der Raffinerie Ahmedi anzutreffen war, natürlich nicht in Amts-, sondern Zivilkleidung.

Beide machten sich gleich am nächsten Wochenende auf den Weg in den Süden des Staates, suchten eine ihnen genannte Kontaktperson auf und wurden weitergeleitet. Sie machten die Bekanntschaft des spanischen Geistlichen, eines sympathischen Mittvierzigers, der während der Woche in einer Kolonne in der Raffinerie arbeitete und an Sonntagen für die europäischen Mitarbeiter an einem versteckten Ort den Gottesdienst abhielt.

Entsprechend der Absprache machte sich die Familie mit den drei Töchtern und zwei stellvertretenden Ersatzpaten aus der Mannschaft, gleich am nächsten Wochenende auf den Weg nach Ahmedi, begrüßten den Priester mit Begleitung in der Nähe der Raffinerie und fuhren in einer kleinen Kolonne in Richtung der nach Saudi Arabien führenden Straße, verließen diese jedoch bald und bogen auf einer kaum sichtbaren Piste in die Wüste ein, kilometerweit über platt gewalztes kahles Land, dann hohe Sanddünen, zwischen denen der Pfad weiter in Richtung des Orts des Geschehens führte. An einer von besonders hohen Dünen, die sternförmig in alle Richtungen verliefen, den Begleitpersonen bekannten Kreuzungspunkt schwenkten sie noch weiter westlich in die Wüste ab, wechselten nach ungefähr fünfhundert Metern erneut die Richtung und hielten vor einem unscheinbaren Flachbau mit einem von Steinen überwölbtem Eingang, der wie eingeklemmt zwischen den Dünen lag und als heimliche Kapelle diente.

Sie verließen ihre Fahrzeuge, der Priester schloss auf und sie betraten einen schmucklosen kleinen Raum, der mit Stühlen und am Kopfende mit einem Tisch ausgestattet war. Nach dem Umhängen einer Stola und Einleitung von Wasser aus einer mitgebrachten Flasche in ein flaches Gefäß umstellten die Anwesenden den Altartisch, die Taufe wurde mit Gebeten eingeleitet und unter Mitwirkung der Ersatzpaten nach Ablegen des Gelübdes die Taufe auf den Namen Helena vollzogen.

Nie wieder weg?

Inzwischen ging der Kraftwerksbau gut voran. Es war Herbst geworden, die Hitze hatte auf ein erträglicheres Maß abgenommen, die Anlage war im Rohbau fertig gestellt und wartete jetzt auf den umfangreichen Innenausbau, der noch erhebliche Zeit beanspruchen würde. Nachdem sich alles eingespielt hatte, gab es keinerlei Engpässe mehr, und die Mannschaft konnte sich in Bezug auf die Versorgungslage nicht beschweren. Grundsätzlich gab es alles im Lande zu kaufen, und auch Sonderwünsche konnten jederzeit bei Händlern angebracht werden, die alles und jedes heranschafften, was das Herz begehrte.

Sarah hatte die große Wohnung gerade erst richtig eingerichtet, da näherte sich der Einsatz schon seinem Ende. Verbindungen zu der Einwohnerschaft Kuwaits gab es nach wie vor nicht. Abgesehen davon, dass die kuwaitischen Frauen außerhalb ihrer Ausgänge wie eingekerkert hinter den jedes Gebäude umgebenden Mauern lebten, waren hier die gesamten Lebensumstände mit denen der Europäer nicht im Geringsten in Einklang zu bringen und mit denen vormals in Indien überhaupt nicht vergleichbar.

So blieb denn jede Nation auf ihrer Straßenseite, brachte der jeweils anderen ein gewisses Maß an Toleranz entgegen, was über ein gelegentliches Nicken – aber nur von Frau zu Frau – nicht hinausging. Auch die Kinder beider Seiten pflegten keine Kontakte, und Einladungen zu Geburtstagen und anderen Anlässen erfolgten nur im Kreis der Familien der eigenen Firma und der von Fremdfirmen, wobei die Feiern des deutschen Hafentauchers stets sehr willkommen waren. Denn der verband seine berufliche Tätigkeit mit der Jagd nach Edelfischen, die er auf dem großen Grill vorzüglich zuzubereiten verstand.

Nach Auflösung der Wohnung machte sich die jetzt fünfköpfige Familie mal wieder auf den Heimweg. Am Düsseldorfer Flughafen nahm sie die halbe Verwandtschaft mit einem Kreuzfeuer an gegenseitigen Feststellungen und Befragungen in Empfang, wobei die Kinder und dabei vor allem der Neuzugang nicht enden wollende Begutachtungen in Bezug auf zwischenzeitlich erreichte Wachstumshöhen und Ähnlichkeiten – »wie Tante Gerda wie aus dem Gesicht geschnitten!« – durchlitten.

»Ist das Haus schon fertig«? fragte Sarah auf dem Weg vom Flughafen.

»Jein«, sagte Oma, »ihr könnt, wenn ihr unbedingt wollt, auf jeden Fall behelfsmäßig unterkommen.«

Sarah und Felix entschieden sich für den provisorischen Einzug, denn sie hatten so lange auf ihr eigenes Heim warten müssen und wollten sich unter allen Umständen jetzt dauerhaft einrichten, mal ganz abgesehen davon, dass sie nach den Unterkunftserfahrungen in Indien und Kuwait in keiner Weise verwöhnt waren.

Und tatsächlich, das Haus wurde schneller fertig als gedacht. Sarah wie Felix waren zu jeder Tageszeit und an den Wochenenden ununterbrochen im Einsatz gewesen und hatten, ohne lange zu zögern, alles in Angriff genommen, was ohne handwerkliche Hilfe von außen machbar gewesen war. Jetzt standen sie glücklich vor ihrem Eigentum und planten ständig weiter bis in die allerletzten Feinheiten.

Es war nach ihrer Rückkehr ungefähr drei Monate später, als Felix am Spätnachmittag von der Arbeit heimkehrte.

»Ich habe da eine Neuigkeit«, sagte er, nachdem er Sarah und die Kinder begrüßt hatte:

»Komm, setzen wir uns! Also, das ist so, Brettschneider, du weißt, Chef unserer Montageabteilung, hat mich heute angesprochen…«

Weiter kam er nicht, denn Sarah unterbrach ihn mit:

»Den Rest kenne ich schon. Erspar dir das ganze

Drumherum wie zum Beispiel: Vorausgesetzt, dass du einwilligst, habe ich vorab mündlich zugesagt.«

Und Felix erzählte aufgeregt weiter: »Ich kann zu diesem Angebot kaum nein sagen, zumal man mich fast kniefällig darum gebeten hat, und würde auf jeden Fall...«

Sarah verdrehte die Augen: »Mach es kurz! Wann und wohin? Eine oder zwei Seekisten?«

Heinz Georg Schmenk
Ein Dussel ist immer dabei
Familienroman über den hoffnungsvollen Spross
einer Malermeister-Dynastie

Schon in allerfrühester Kindheit hinterlässt er im
wahrsten Sinne des Wortes Spuren: Farbspuren in
Vaters Malermeister-Werkstatt, Schlammspuren in
Omas Garten, Spuren vom Möhrengemüse am
Mittagstisch. Mit seinem Erscheinen bekommt die
bürgerliche Welt der Familie Schrammen und Kratzer,
die seinen Vater schließlich zu der Frage veranlassen:
»Ist der denn wirklich von uns?«
Eine spritzige Geschichte für alle Erwachsenen,
die das kindliche Lachen nicht verlernt haben; aus einer
Zeit, in der nicht alles besser war, aber bunter.